Hello, finder of lost treasure

Please contact the musician via the information below if you find this collection unattended or in the hands of the unworthy.

Possible reward of an autographed page from the musician upon delivery if they can be bothered with the likes of us normal people.

Phone: ______________________________________

Email: ______________________________________

This collection of exquisite music in its many phases of creation belongs to:

the artist:___________________________________
Musician's Name or Pseudo

Our publishing team thanks you for bringing new music to our world. Don't forget to tag us when you share your work!

#GypsyEyesPublishing #gypsyeyscr8ts
#gypsyeyescreations

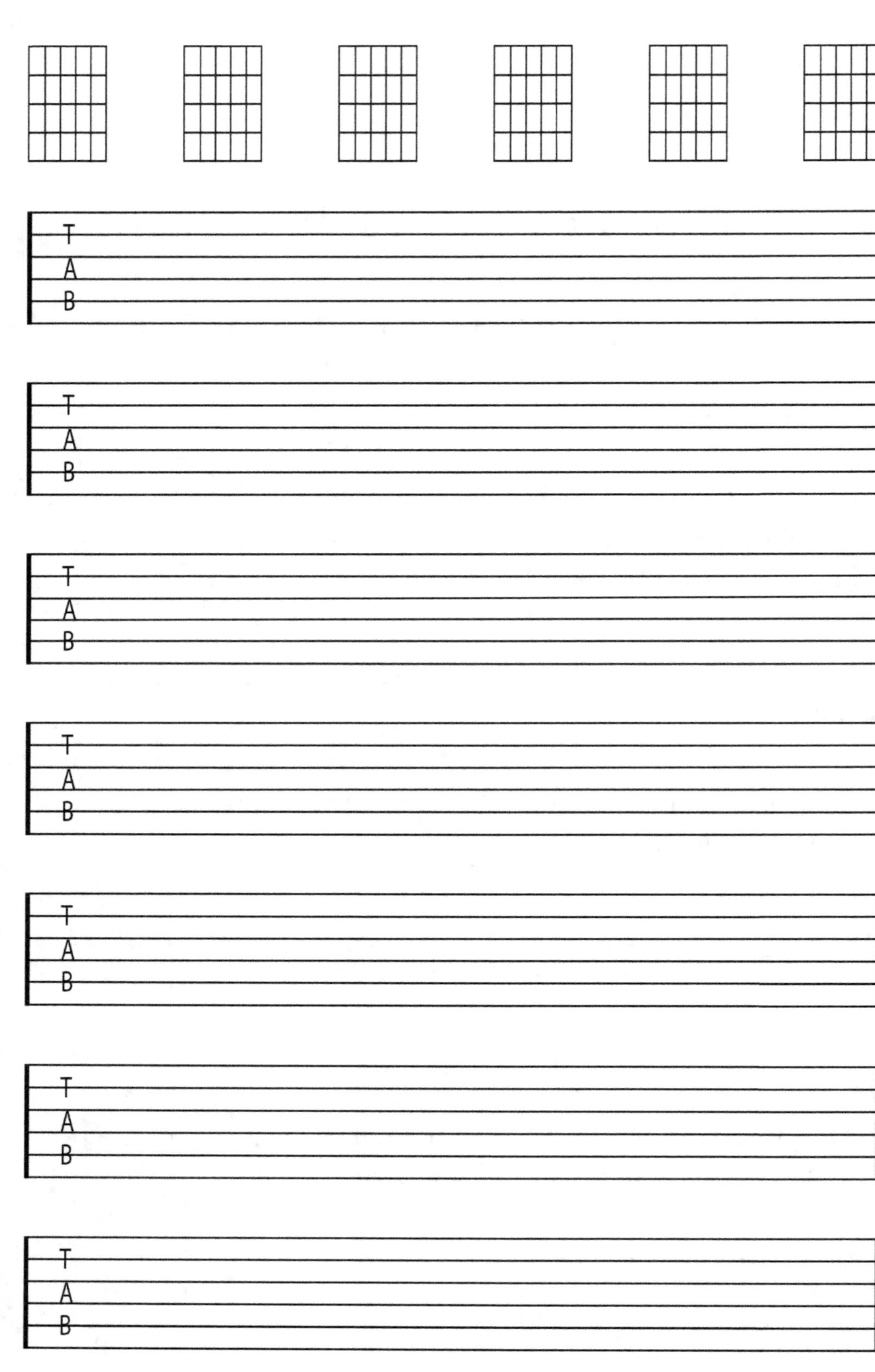

TAB

TAB

TAB

TAB

TAB

TAB

TAB

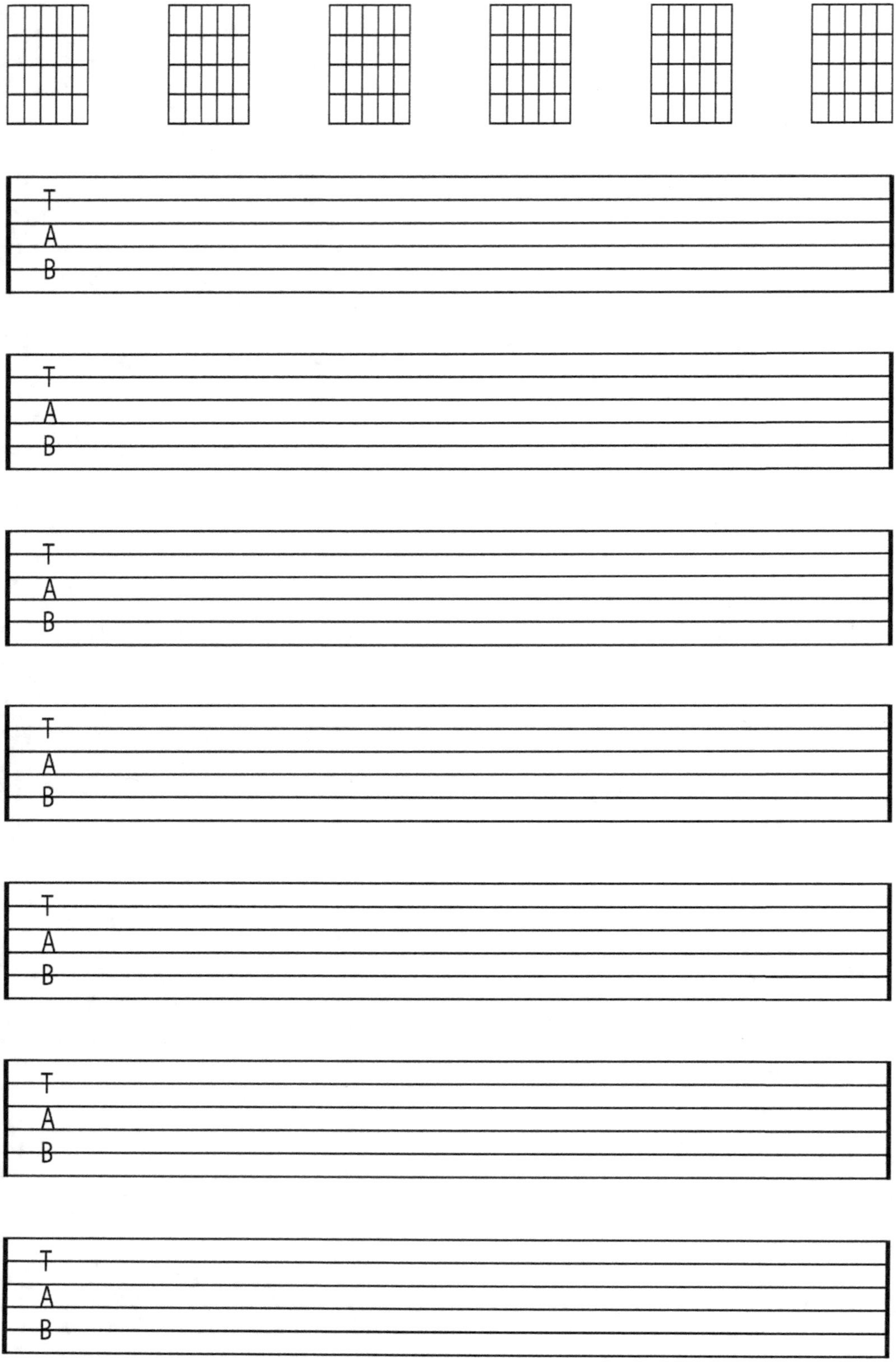

T
A
B

T
A
B

T
A
B

T
A
B

T
A
B

T
A
B

T
A
B

T
A
B

T
A
B

T
A
B

T
A
B

T
A
B

T
A
B

T
A
B

T
A
B

T
A
B

T
A
B

T
A
B

T
A
B

T
A
B

T
A
B

T
A
B

T
A
B

T
A
B

T
A
B

T
A
B

T
A
B

T
A
B

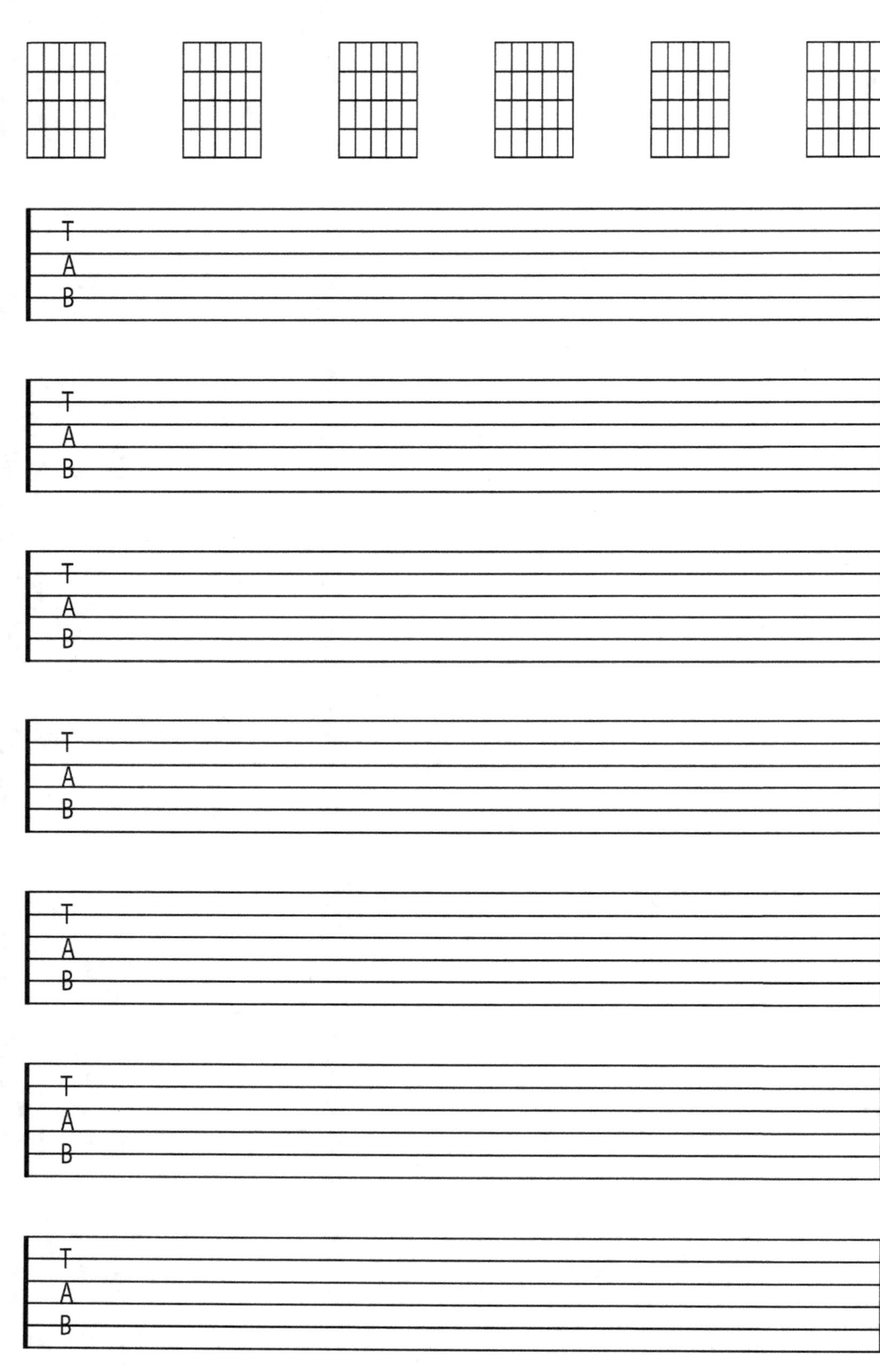

T
A
B

T
A
B

T
A
B

T
A
B

T
A
B

T
A
B

T
A
B

T
A
B

T
A
B

T
A
B

T
A
B

T
A
B

T
A
B

T
A
B

T
A
B

T
A
B

T
A
B

T
A
B

T
A
B

T
A
B

T
A
B

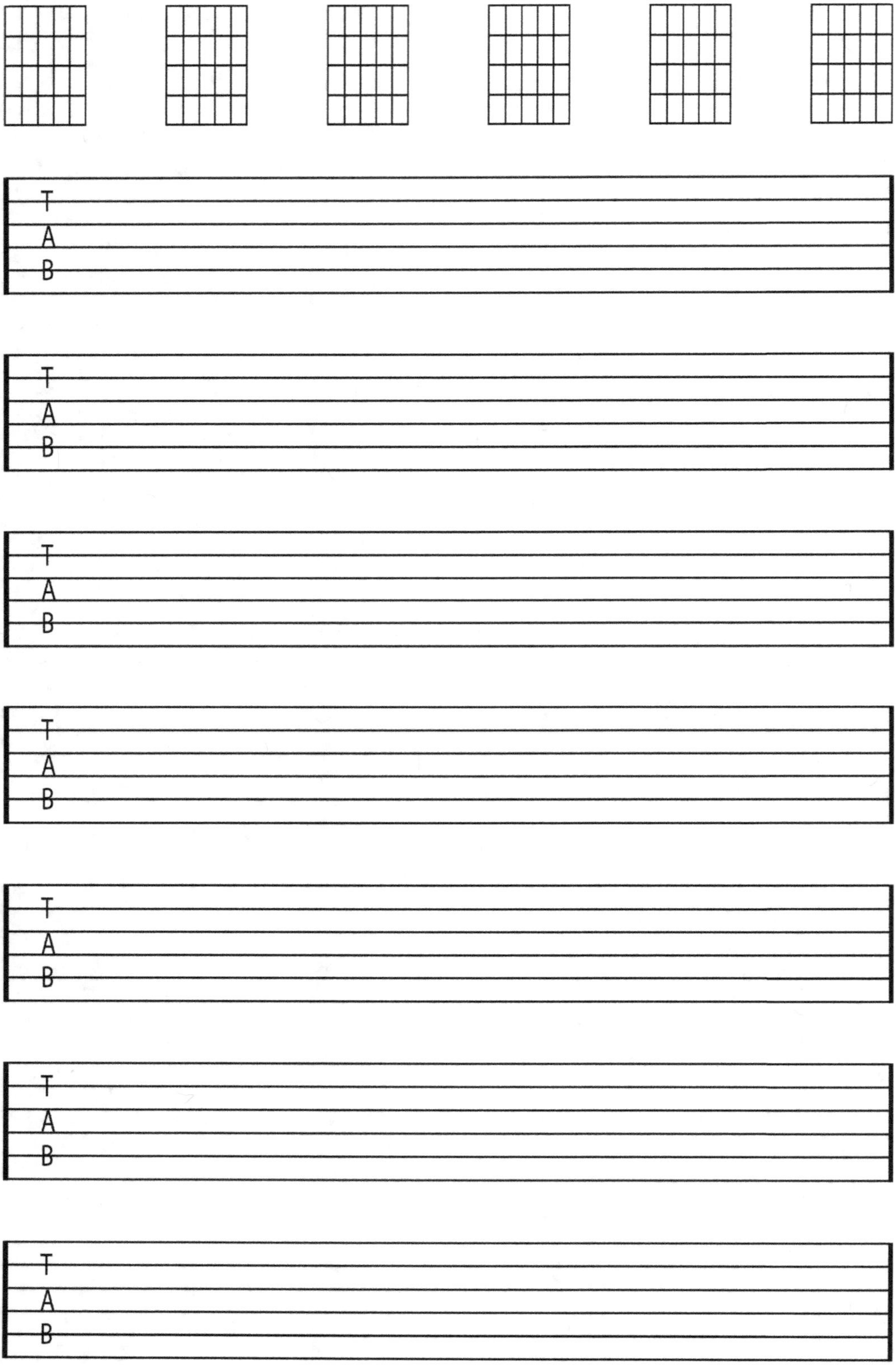

T
A
B

T
A
B

T
A
B

T
A
B

T
A
B

T
A
B

T
A
B

T
A
B

T
A
B

T
A
B

T
A
B

T
A
B

T
A
B

T
A
B

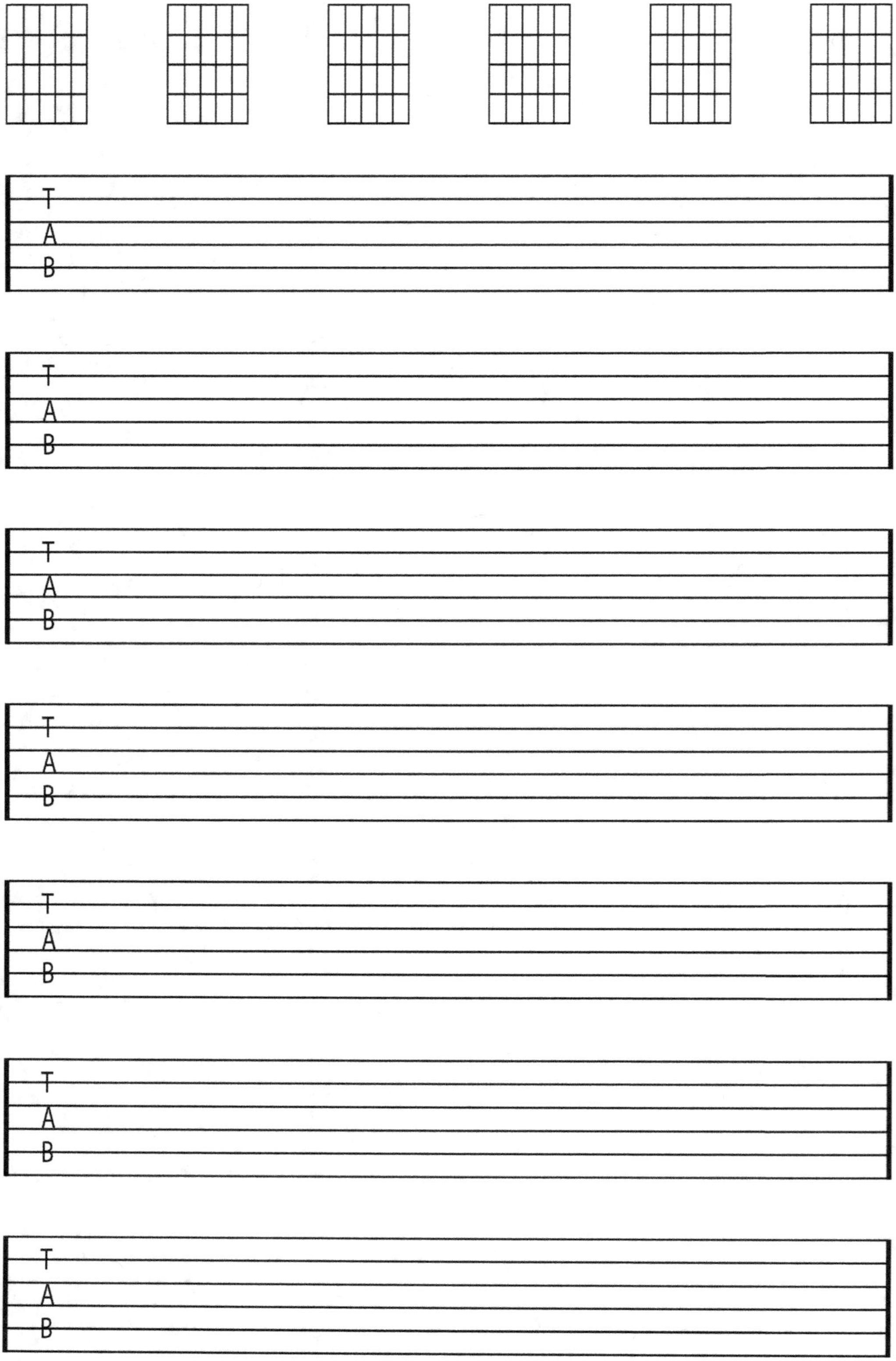

T
A
B

T
A
B

T
A
B

T
A
B

T
A
B

T
A
B

T
A
B

T
A
B

T
A
B

T
A
B

T
A
B

T
A
B

T
A
B

T
A
B

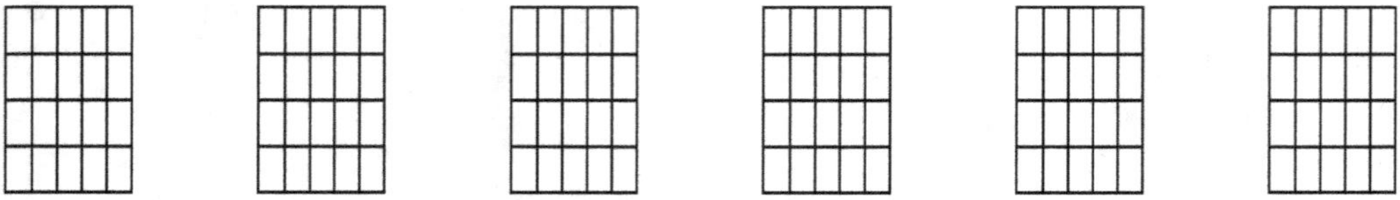

T
A
B

T
A
B

T
A
B

T
A
B

T
A
B

T
A
B

T
A
B

T
A
B

T
A
B

T
A
B

T
A
B

T
A
B

T
A
B

T
A
B

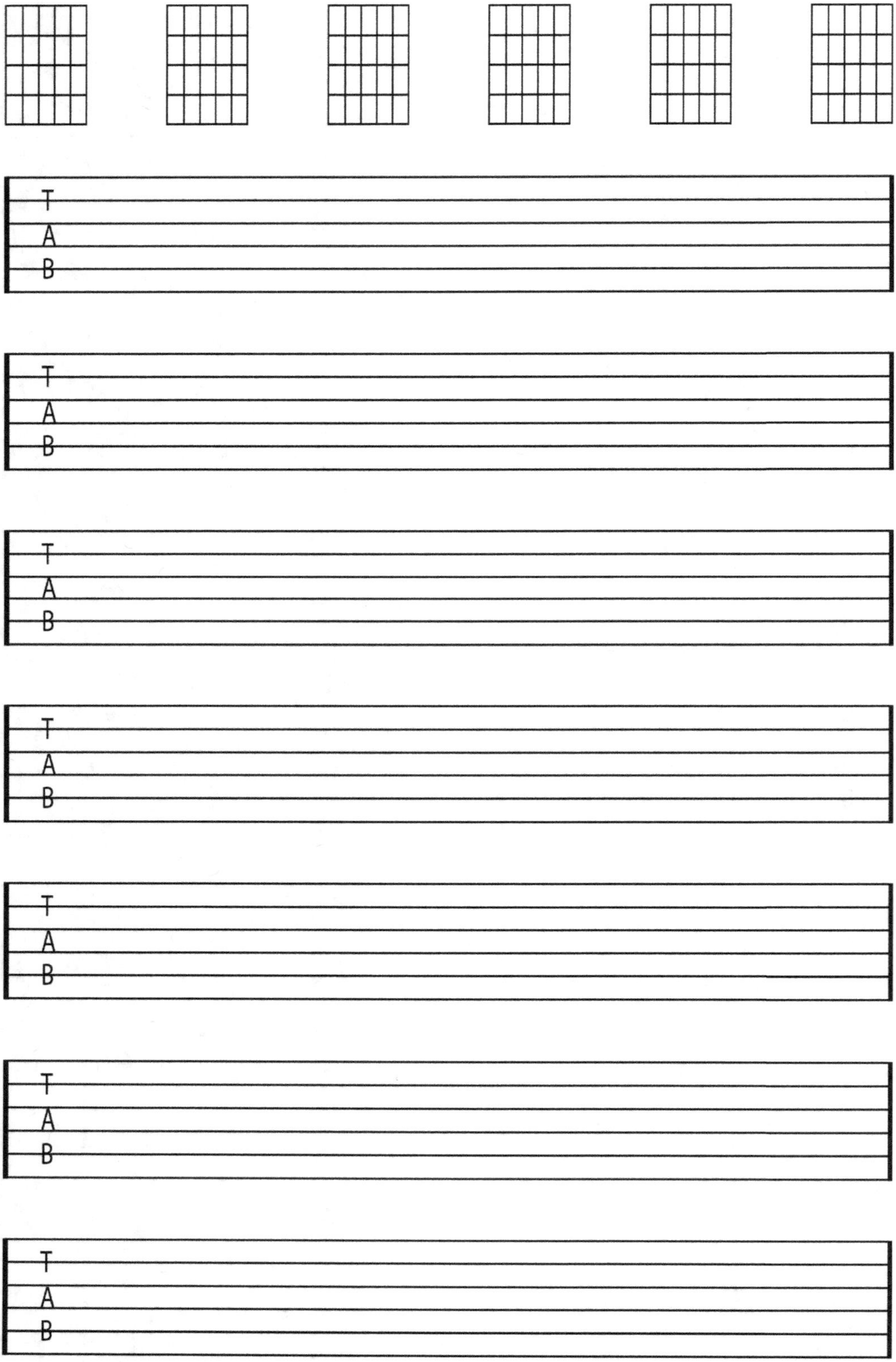

T
A
B

T
A
B

T
A
B

T
A
B

T
A
B

T
A
B

T
A
B

T
A
B

T
A
B

T
A
B

T
A
B

T
A
B

T
A
B

T
A
B

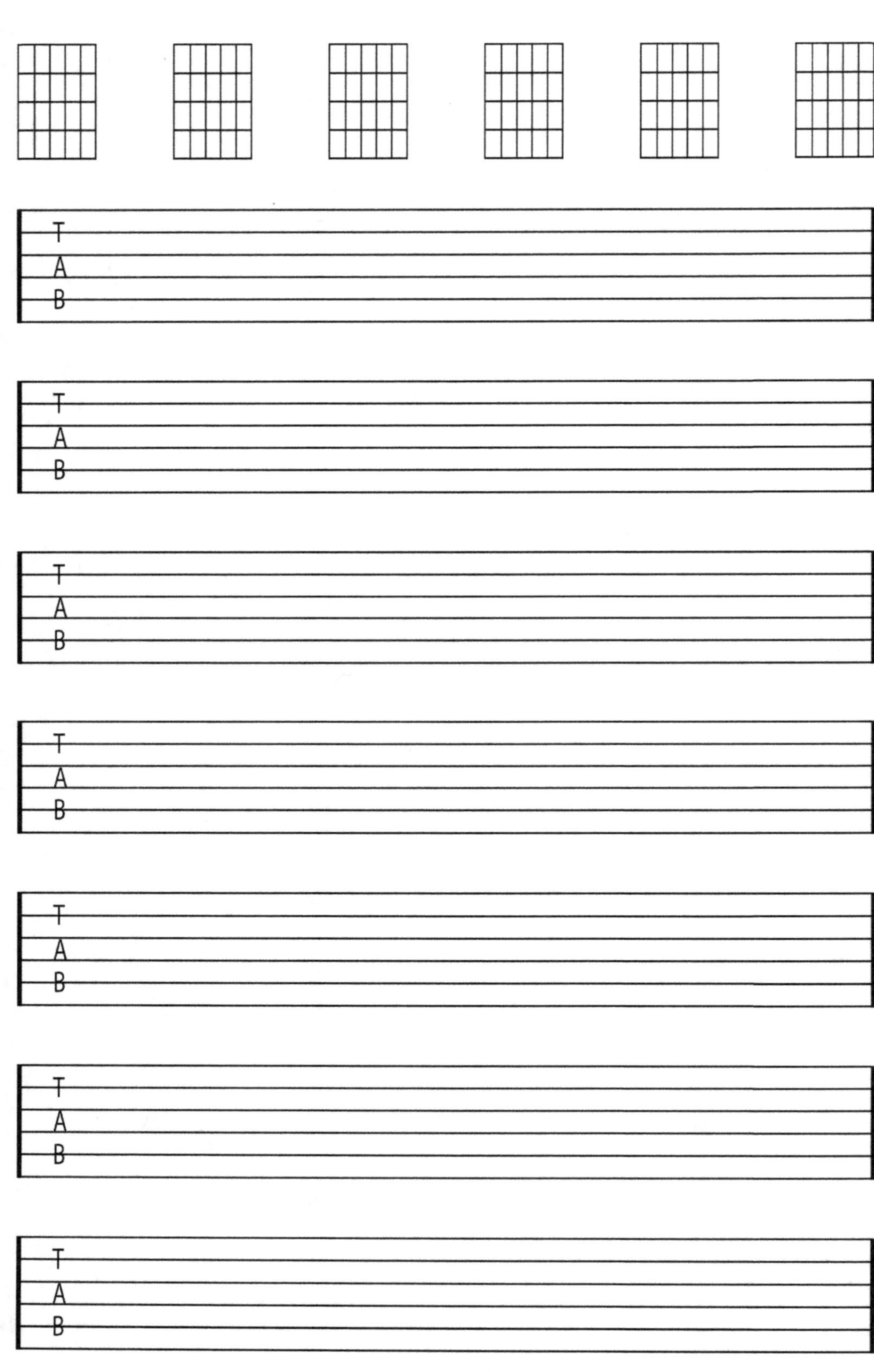

T
A
B

T
A
B

T
A
B

T
A
B

T
A
B

T
A
B

T
A
B

T
A
B

T
A
B

T
A
B

T
A
B

T
A
B

T
A
B

T
A
B

T
A
B

T
A
B

T
A
B

T
A
B

T
A
B

T
A
B

T
A
B

T
A
B

T
A
B

T
A
B

T
A
B

T
A
B

T
A
B

T
A
B

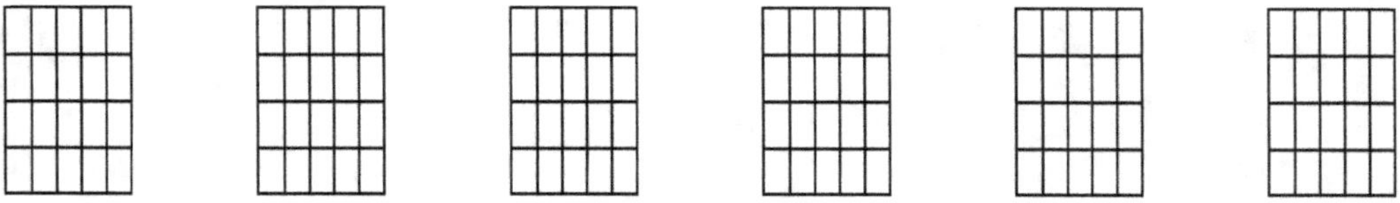

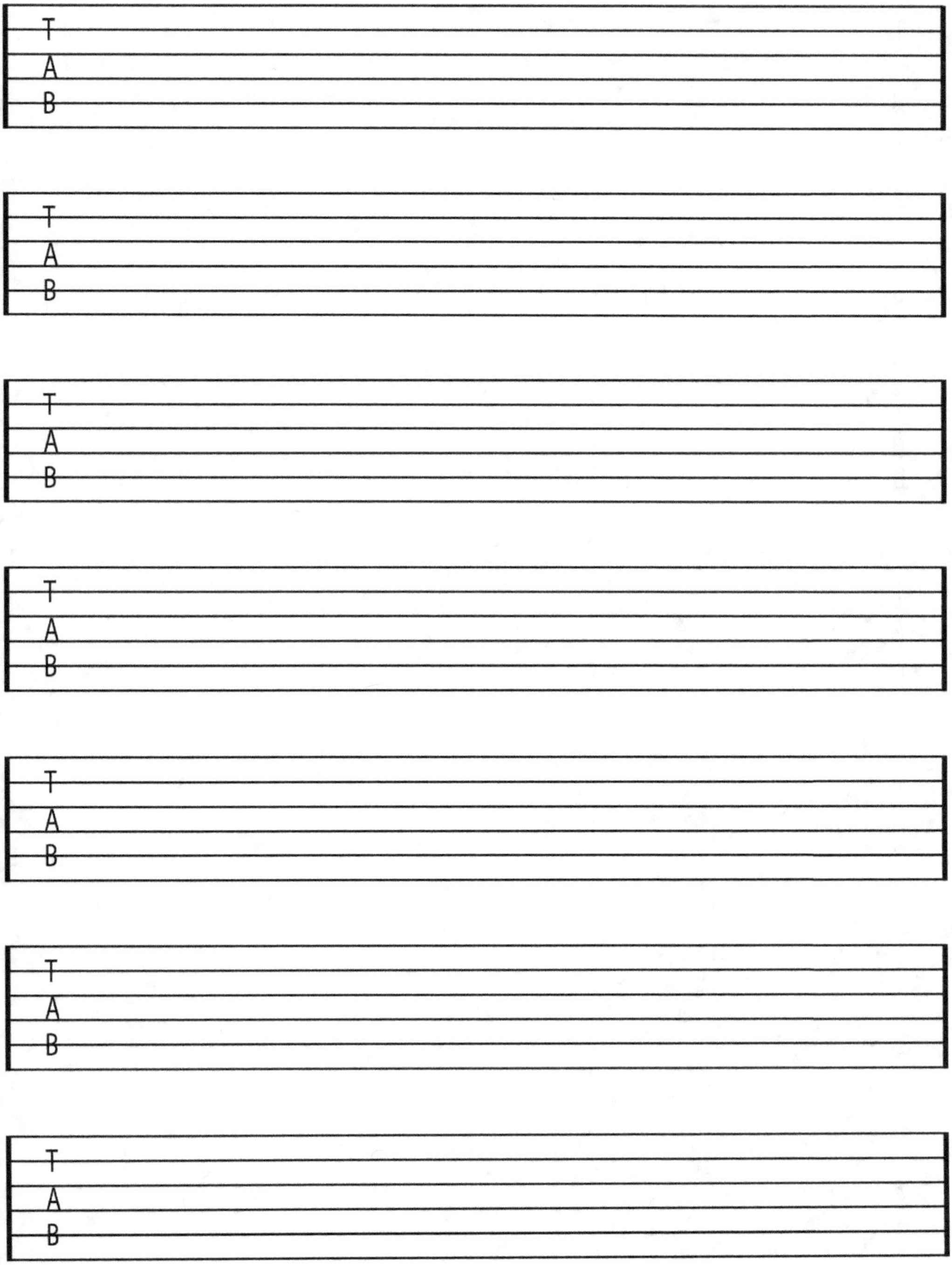

T
A
B

T
A
B

T
A
B

T
A
B

T
A
B

T
A
B

T
A
B

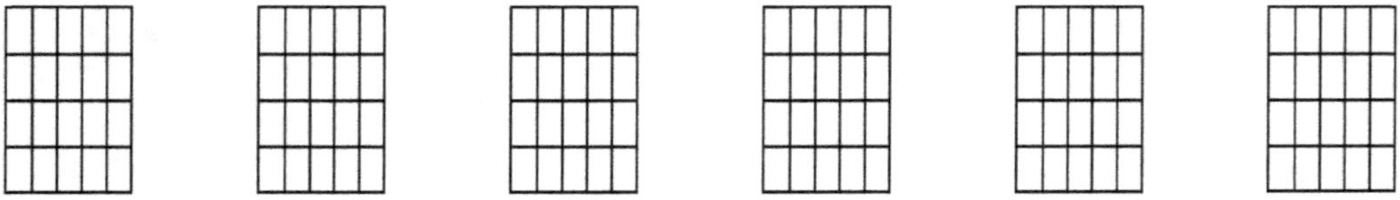

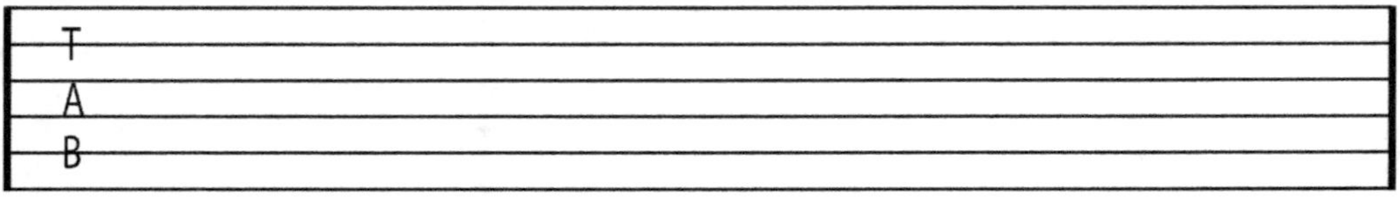

T
A
B

T
A
B

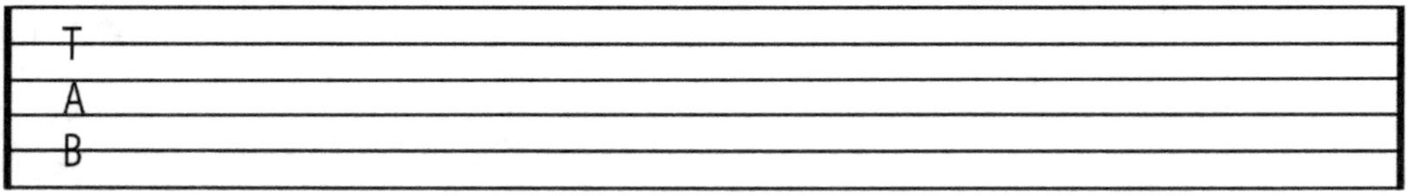

T
A
B

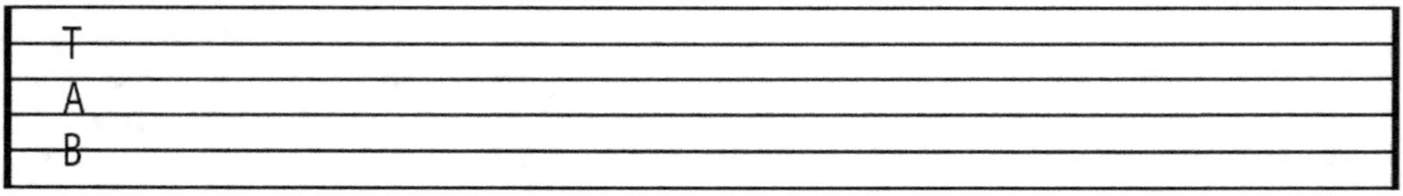

T
A
B

T
A
B

T
A
B

T
A
B

T
A
B

T
A
B

T
A
B

T
A
B

T
A
B

T
A
B

T
A
B

T
A
B

T
A
B

T
A
B

T
A
B

T
A
B

T
A
B

T
A
B

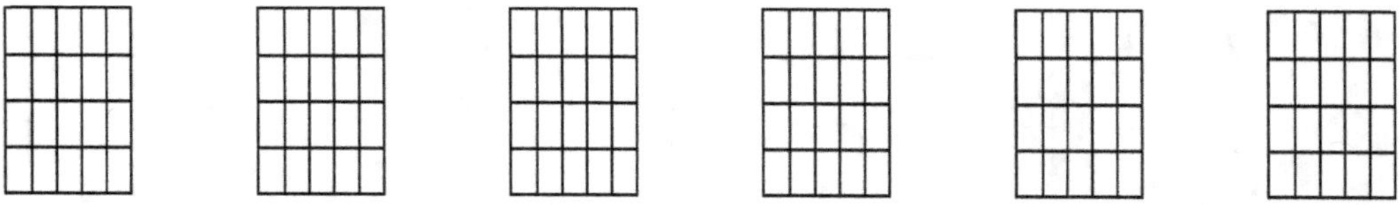

T
A
B

T
A
B

T
A
B

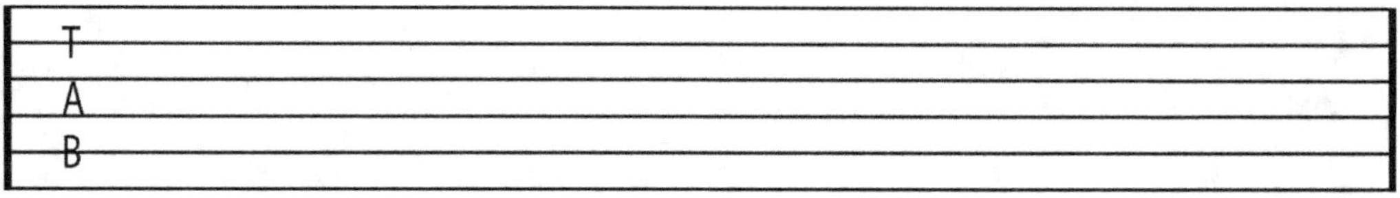

T
A
B

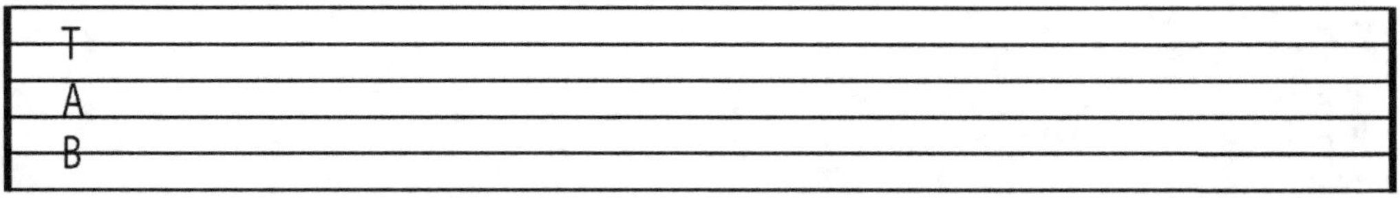

T
A
B

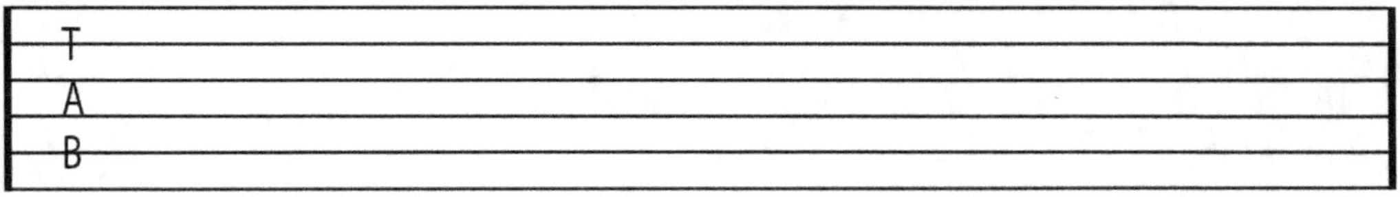

T
A
B

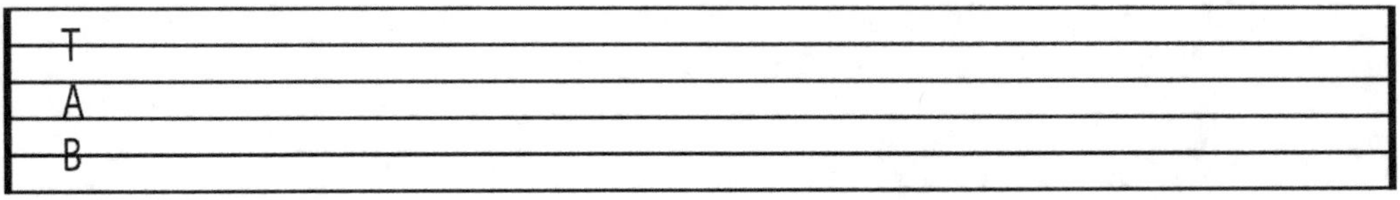

T
A
B

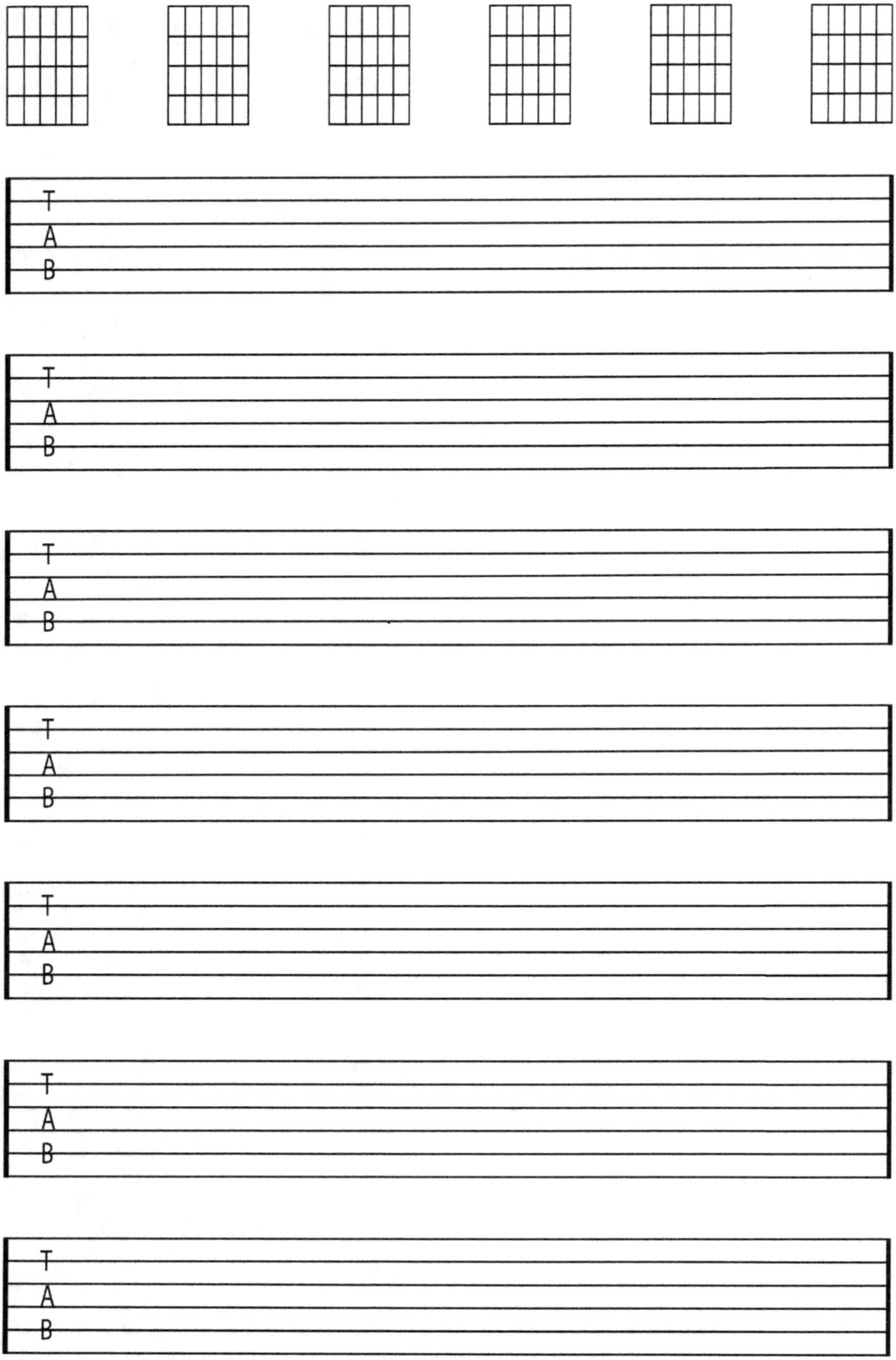

T
A
B

T
A
B

T
A
B

T
A
B

T
A
B

T
A
B

T
A
B

T
A
B

T
A
B

T
A
B

T
A
B

T
A
B

T
A
B

T
A
B

T
A
B

T
A
B

T
A
B

T
A
B

T
A
B

T
A
B

T
A
B

T
A
B

T
A
B

T
A
B

T
A
B

T
A
B

T
A
B

T
A
B

T
A
B

T
A
B

T
A
B

T
A
B

T
A
B

T
A
B

T
A
B

T
A
B

T
A
B

T
A
B

T
A
B

T
A
B

T
A
B

T
A
B

T
A
B

T
A
B

T
A
B

T
A
B

T
A
B

T
A
B

T
A
B

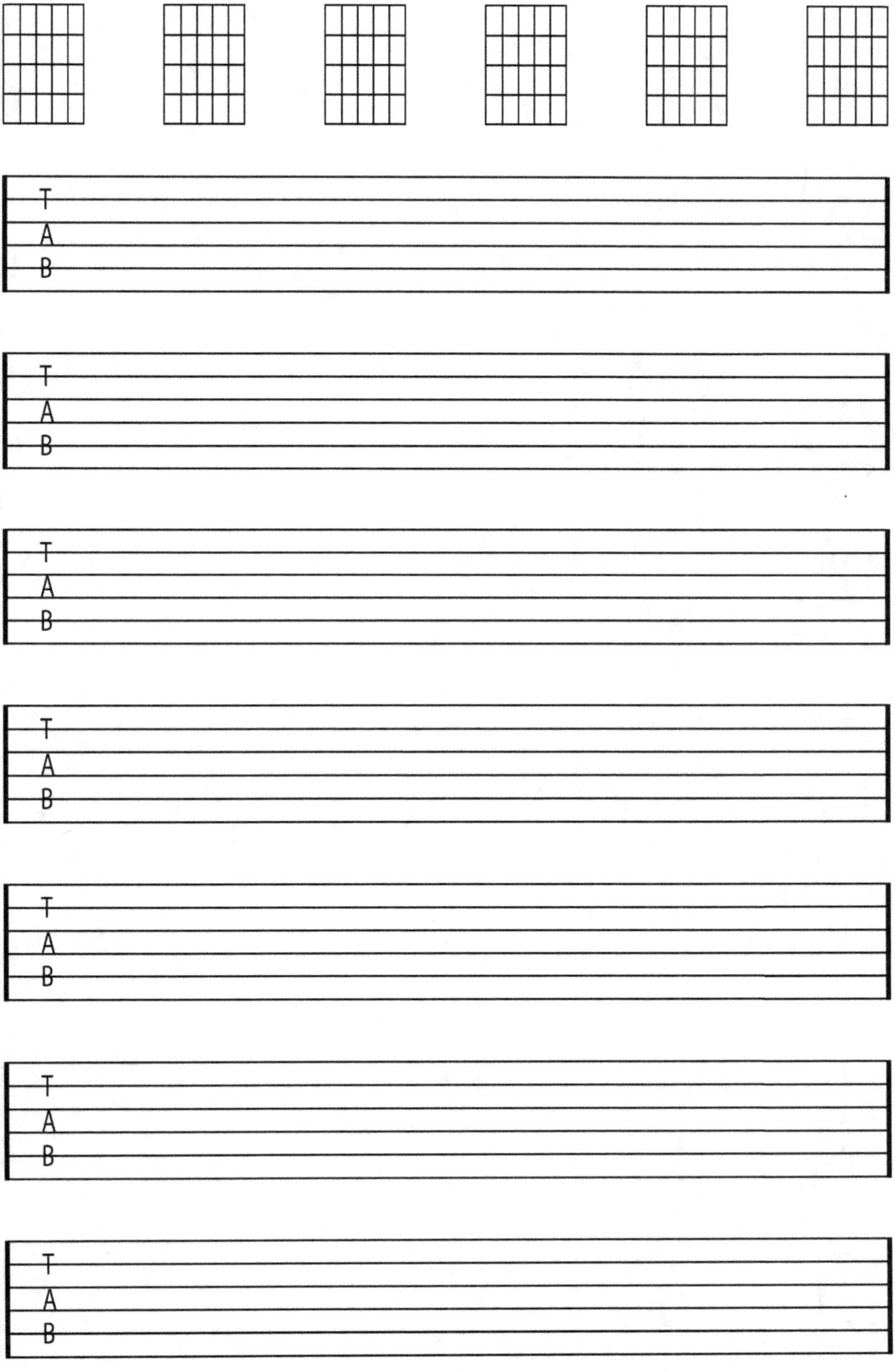

T
A
B

T
A
B

T
A
B

T
A
B

T
A
B

T
A
B

T
A
B

T
A
B

T
A
B

T
A
B

T
A
B

T
A
B

T
A
B

T
A
B

T
A
B

T
A
B

T
A
B

T
A
B

T
A
B

T
A
B

T
A
B

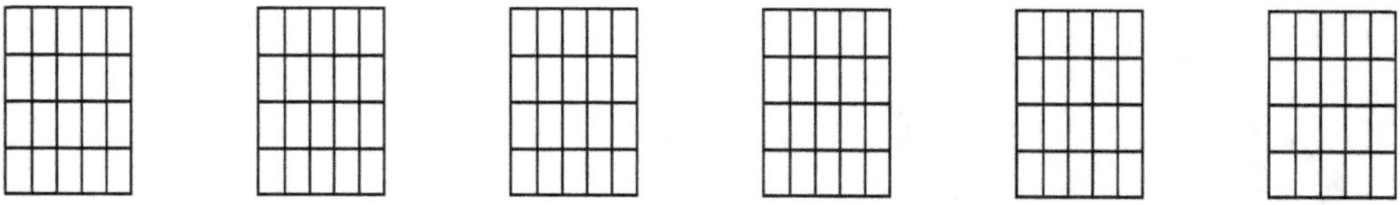

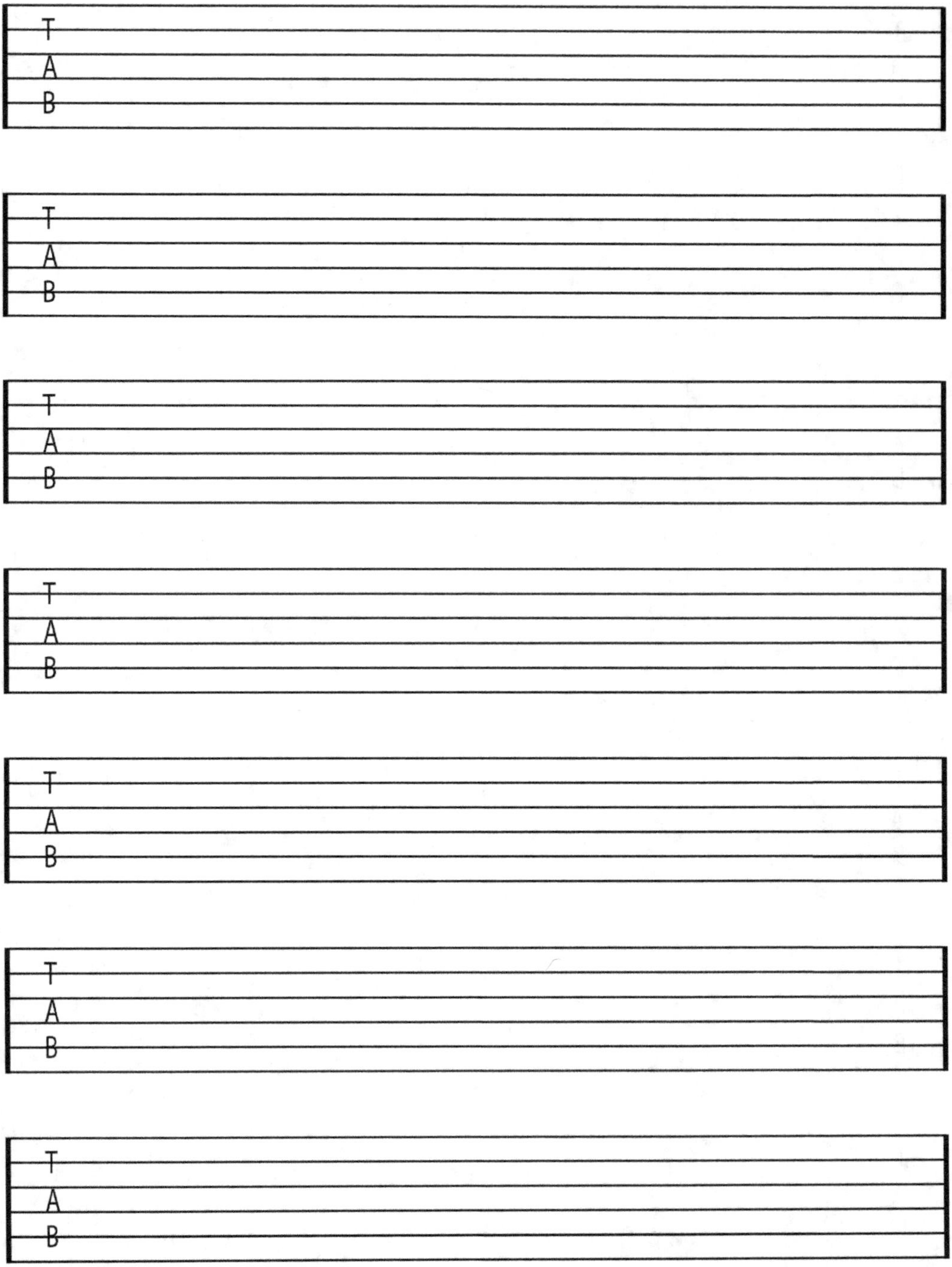

T
A
B

T
A
B

T
A
B

T
A
B

T
A
B

T
A
B

T
A
B

T
A
B

T
A
B

T
A
B

T
A
B

T
A
B

T
A
B

T
A
B

T
A
B

T
A
B

T
A
B

T
A
B

T
A
B

T
A
B

T
A
B

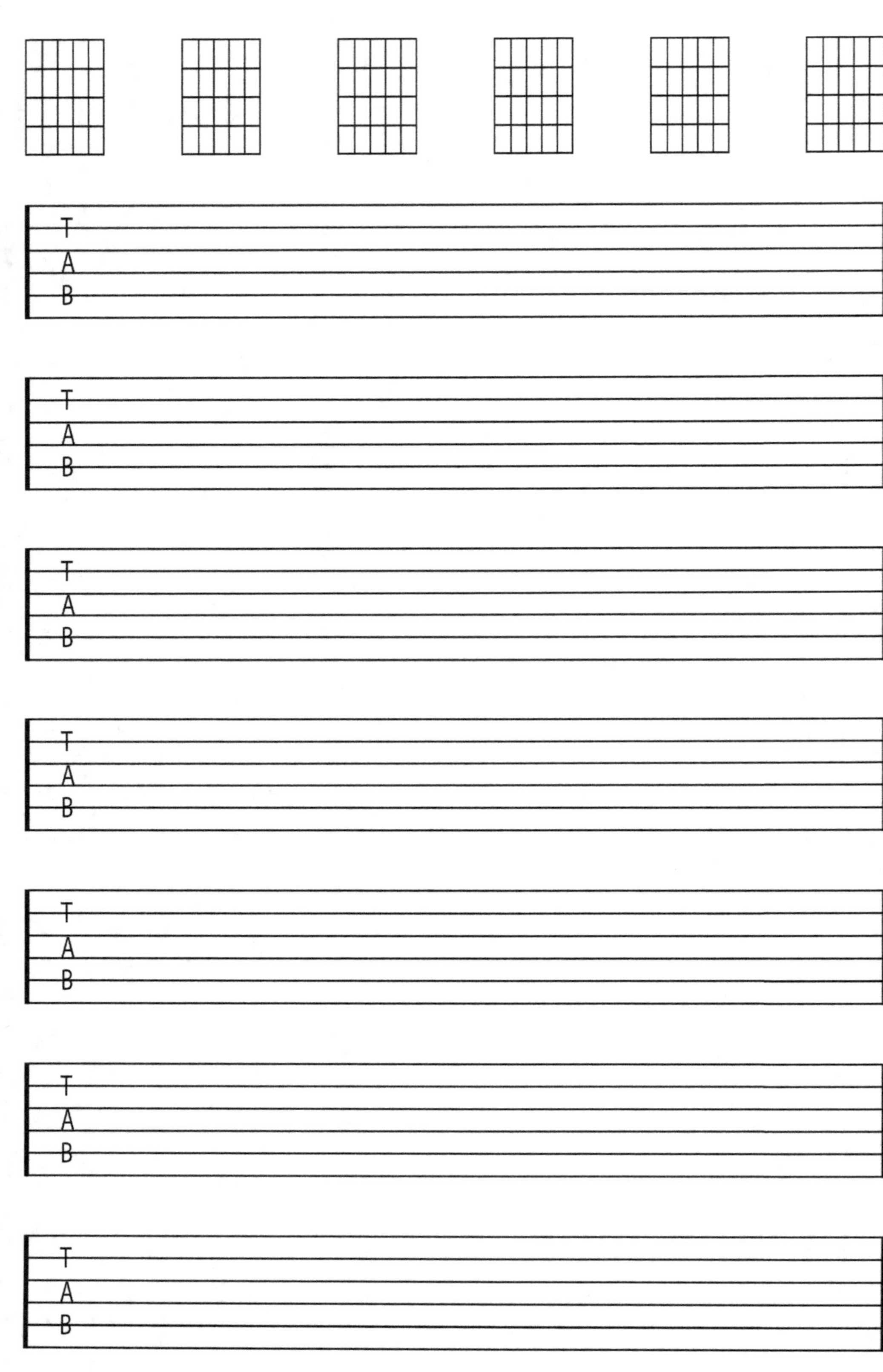

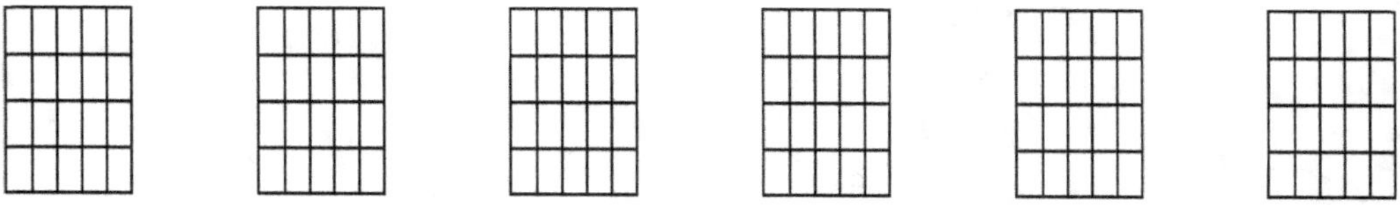

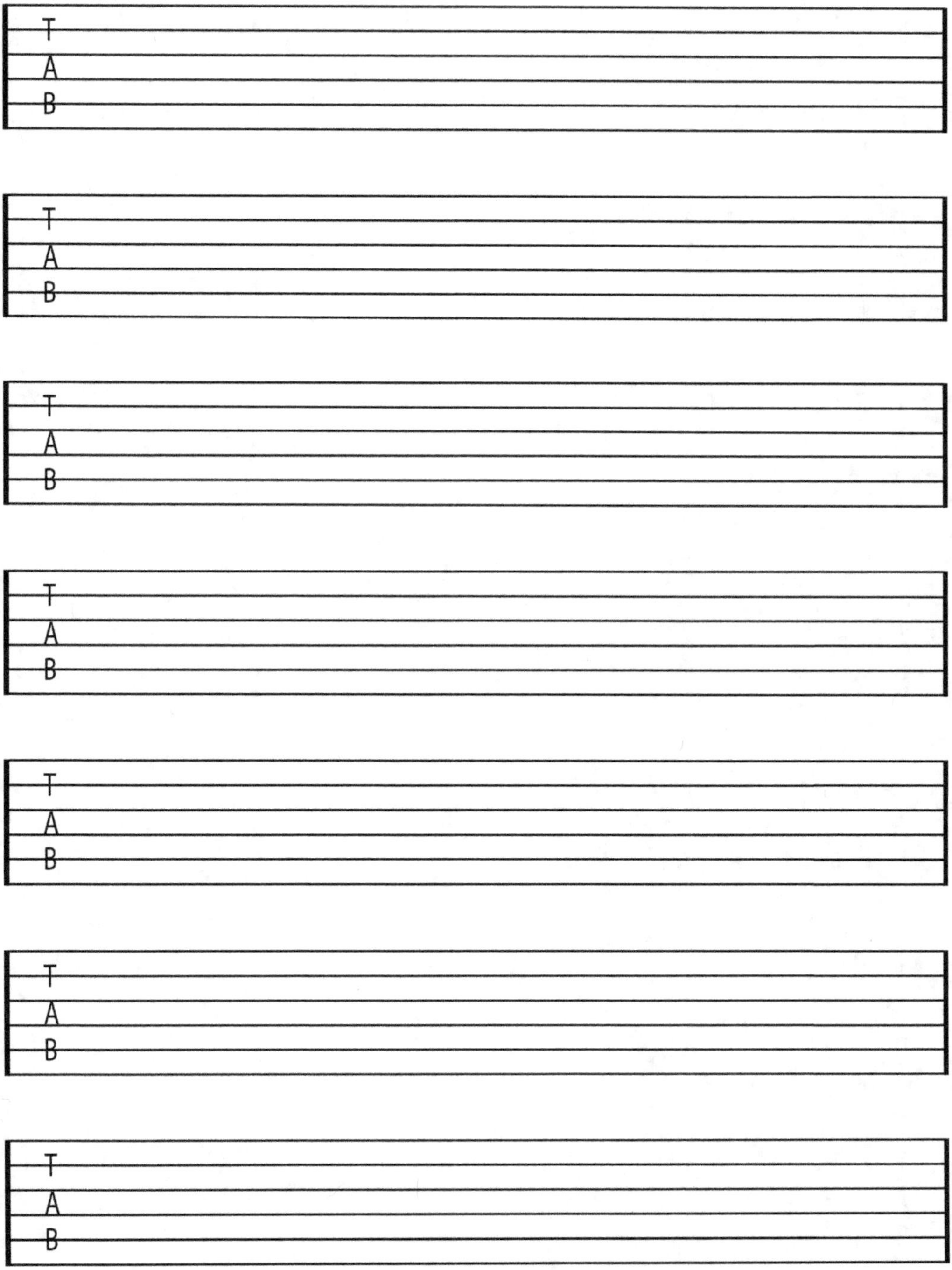

TAB

TAB

TAB

TAB

TAB

TAB

TAB

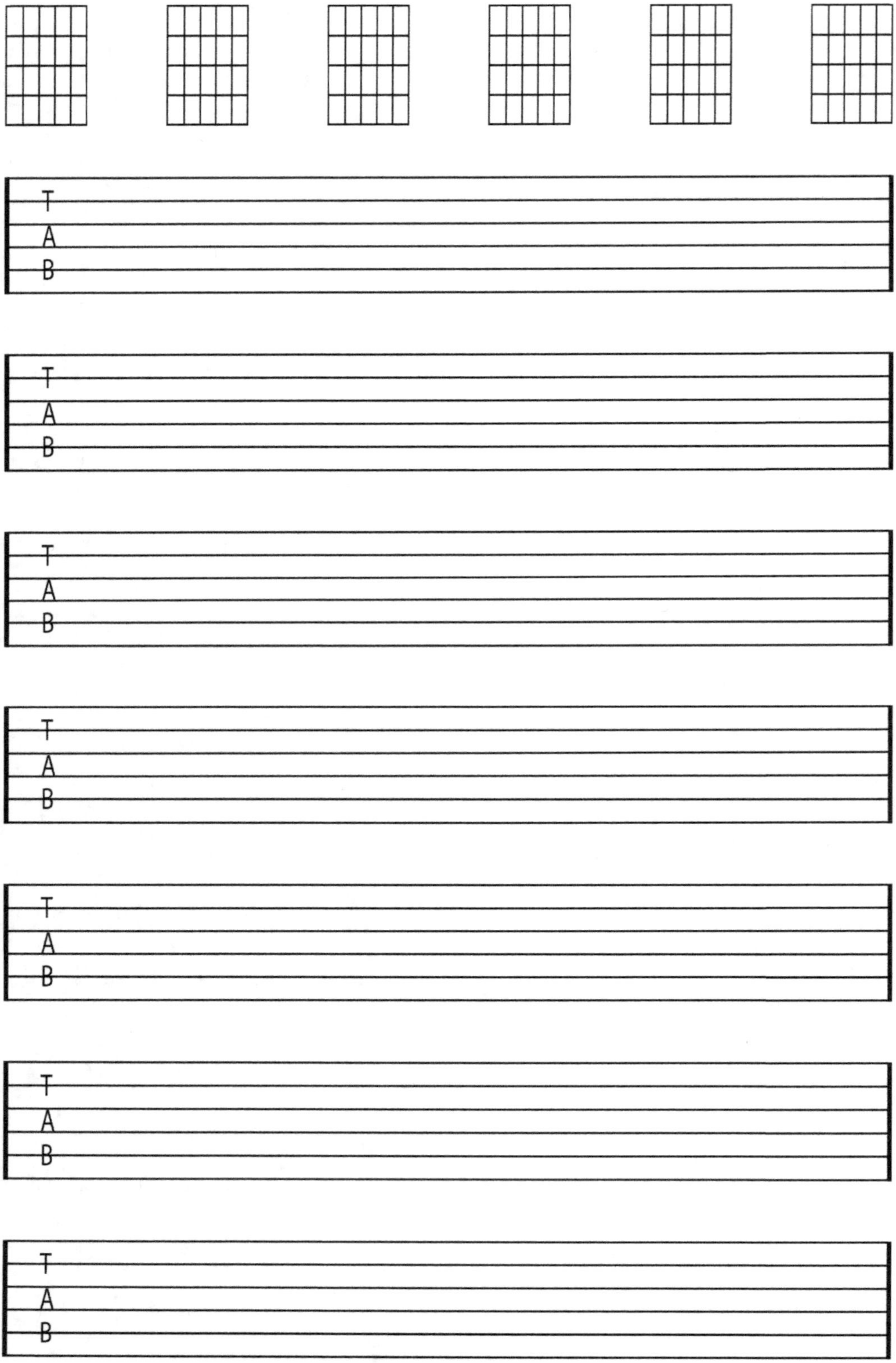

T
A
B

T
A
B

T
A
B

T
A
B

T
A
B

T
A
B

T
A
B

T
A
B

T
A
B

T
A
B

T
A
B

T
A
B

T
A
B

T
A
B

T
A
B

T
A
B

T
A
B

T
A
B

T
A
B

T
A
B

T
A
B

T
A
B

T
A
B

T
A
B

T
A
B

T
A
B

T
A
B

T
A
B

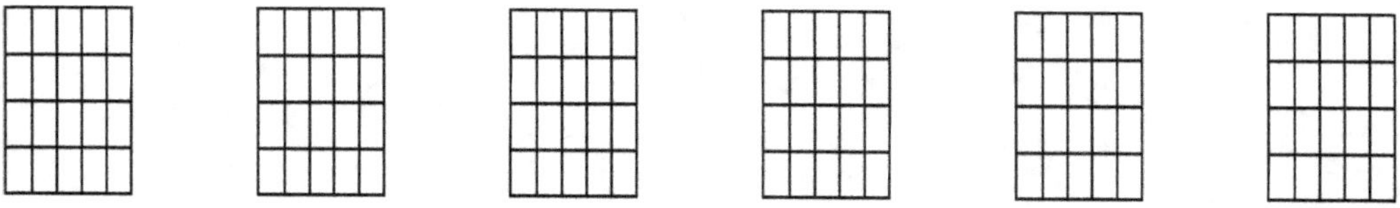

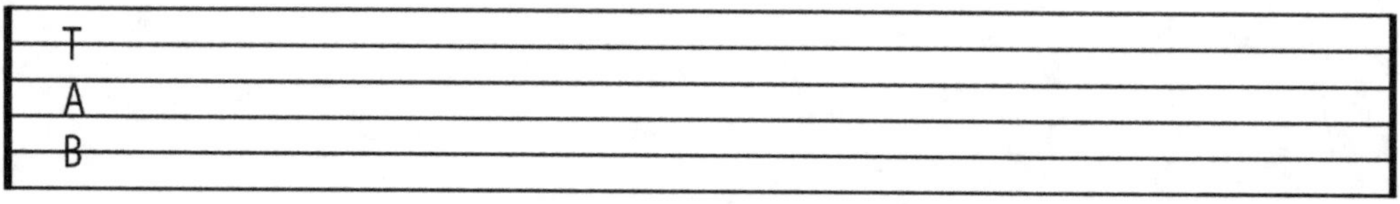

T
A
B

T
A
B

T
A
B

T
A
B

T
A
B

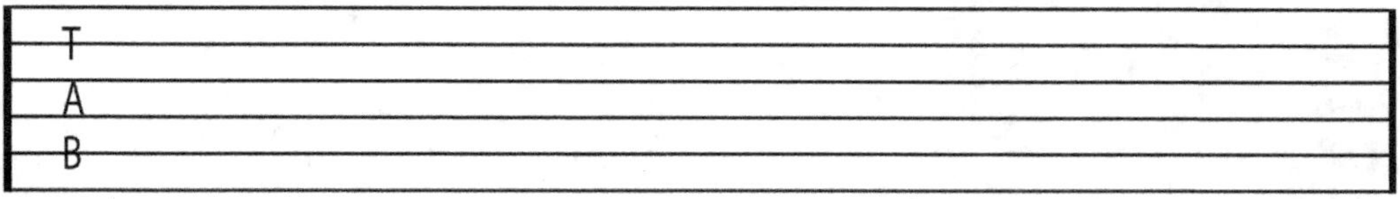

T
A
B

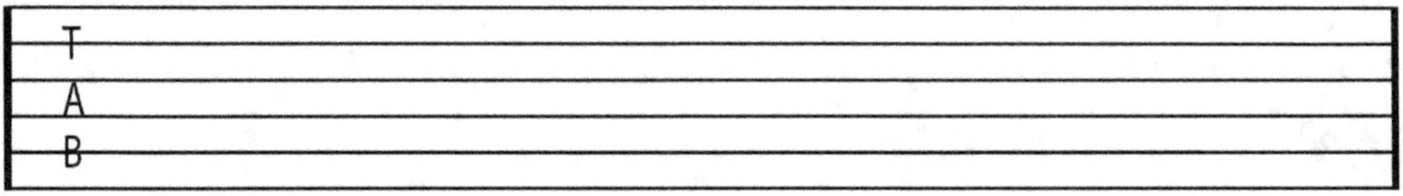

T
A
B

T
A
B

T
A
B

T
A
B

T
A
B

T
A
B

T
A
B

T
A
B

T
A
B

T
A
B

T
A
B

T
A
B

T
A
B

T
A
B

T
A
B

T
A
B

T
A
B

T
A
B

T
A
B

T
A
B

T
A
B

T
A
B

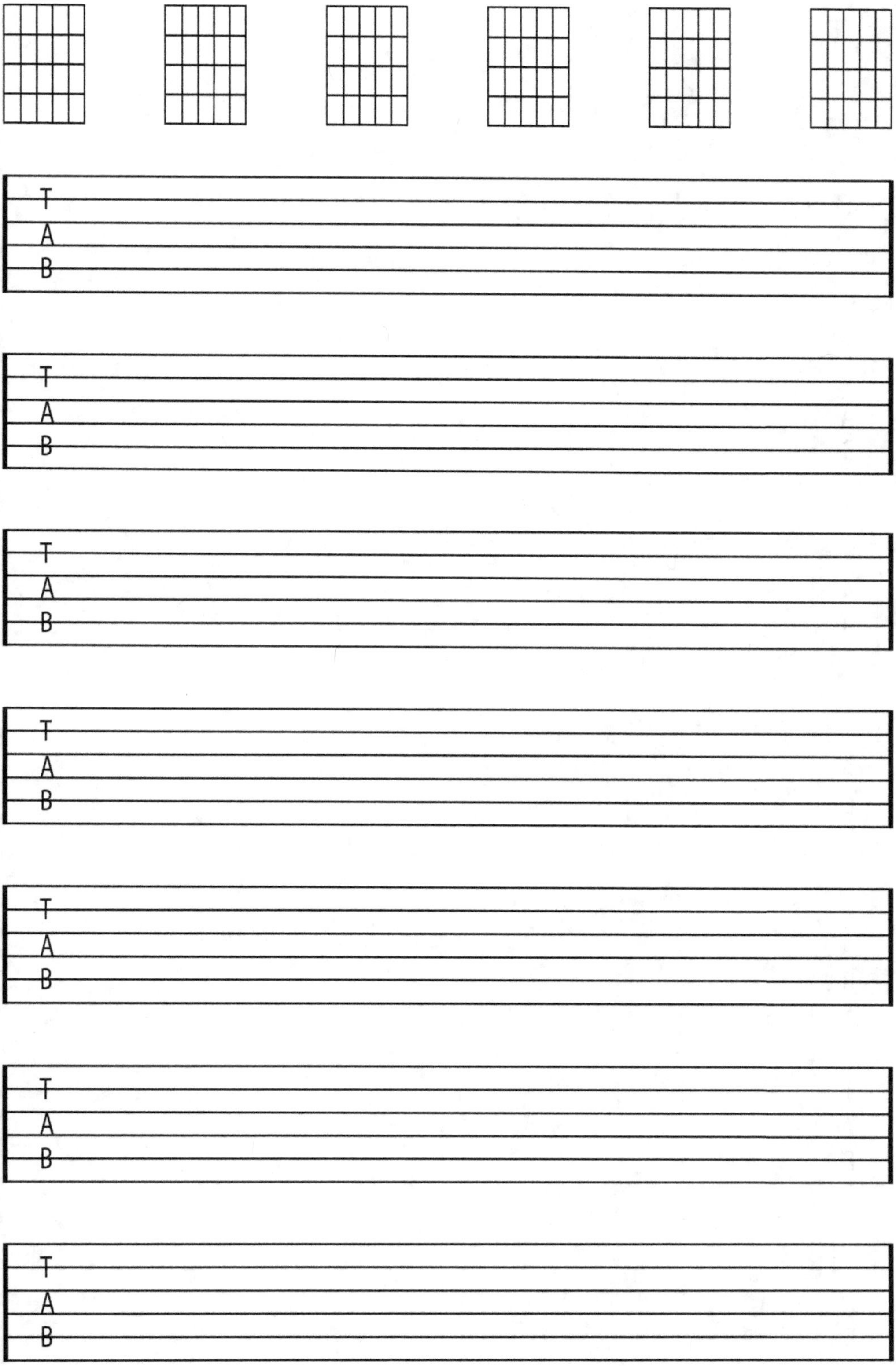

T
A
B

T
A
B

T
A
B

T
A
B

T
A
B

T
A
B

T
A
B

T
A
B

T
A
B

T
A
B

T
A
B

T
A
B

T
A
B

T
A
B

T
A
B

T
A
B

T
A
B

T
A
B

T
A
B

T
A
B

T
A
B

T
A
B

T
A
B

T
A
B

T
A
B

T
A
B

T
A
B

T
A
B

T
A
B

T
A
B

T
A
B

T
A
B

T
A
B

T
A
B

T
A
B

T
A
B

T
A
B

T
A
B

T
A
B

T
A
B

T
A
B

T
A
B

T
A
B

T
A
B

T
A
B

T
A
B

T
A
B

T
A
B

T
A
B

T
A
B

T
A
B

T
A
B

T
A
B

T
A
B

T
A
B

T
A
B

T
A
B

T
A
B

T
A
B

T
A
B

T
A
B

T
A
B

T
A
B

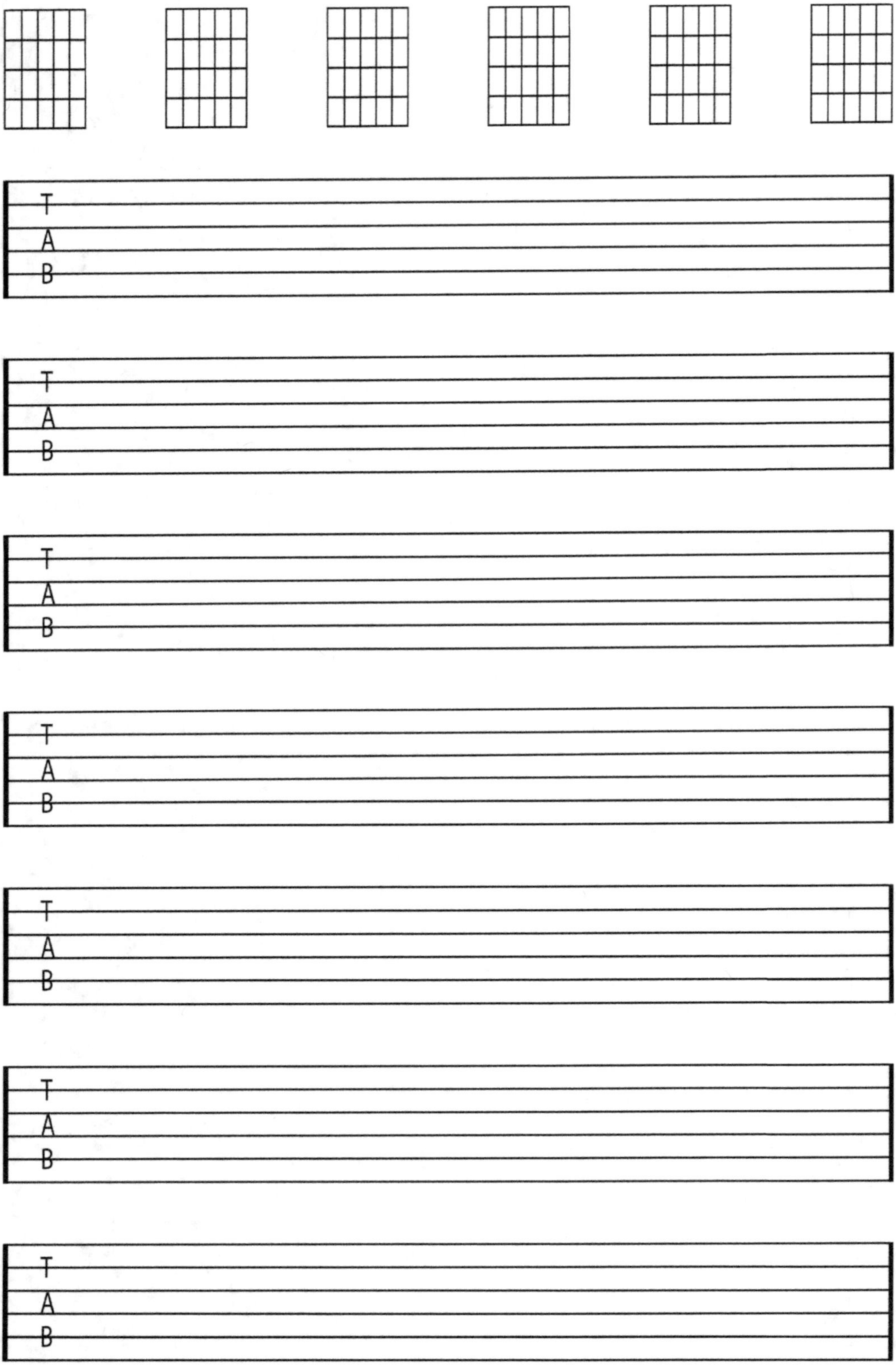

T
A
B

T
A
B

T
A
B

T
A
B

T
A
B

T
A
B

T
A
B

T
A
B

T
A
B

T
A
B

T
A
B

T
A
B

T
A
B

T
A
B

T
A
B

T
A
B

T
A
B

T
A
B

T
A
B

T
A
B

T
A
B

T
A
B

T
A
B

T
A
B

T
A
B

T
A
B

T
A
B

T
A
B

T
A
B

T
A
B

T
A
B

T
A
B

T
A
B

T
A
B

T
A
B

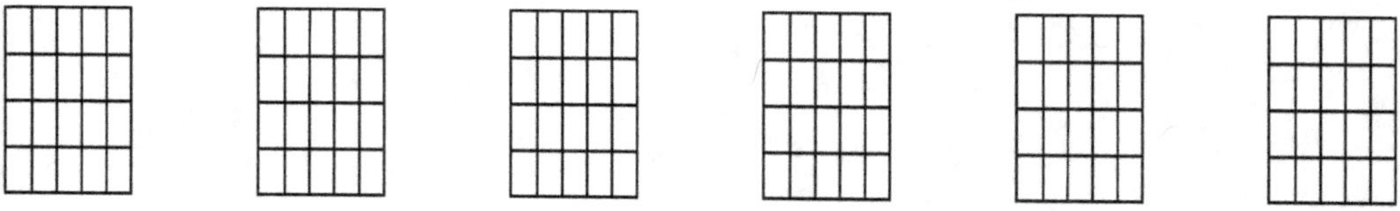

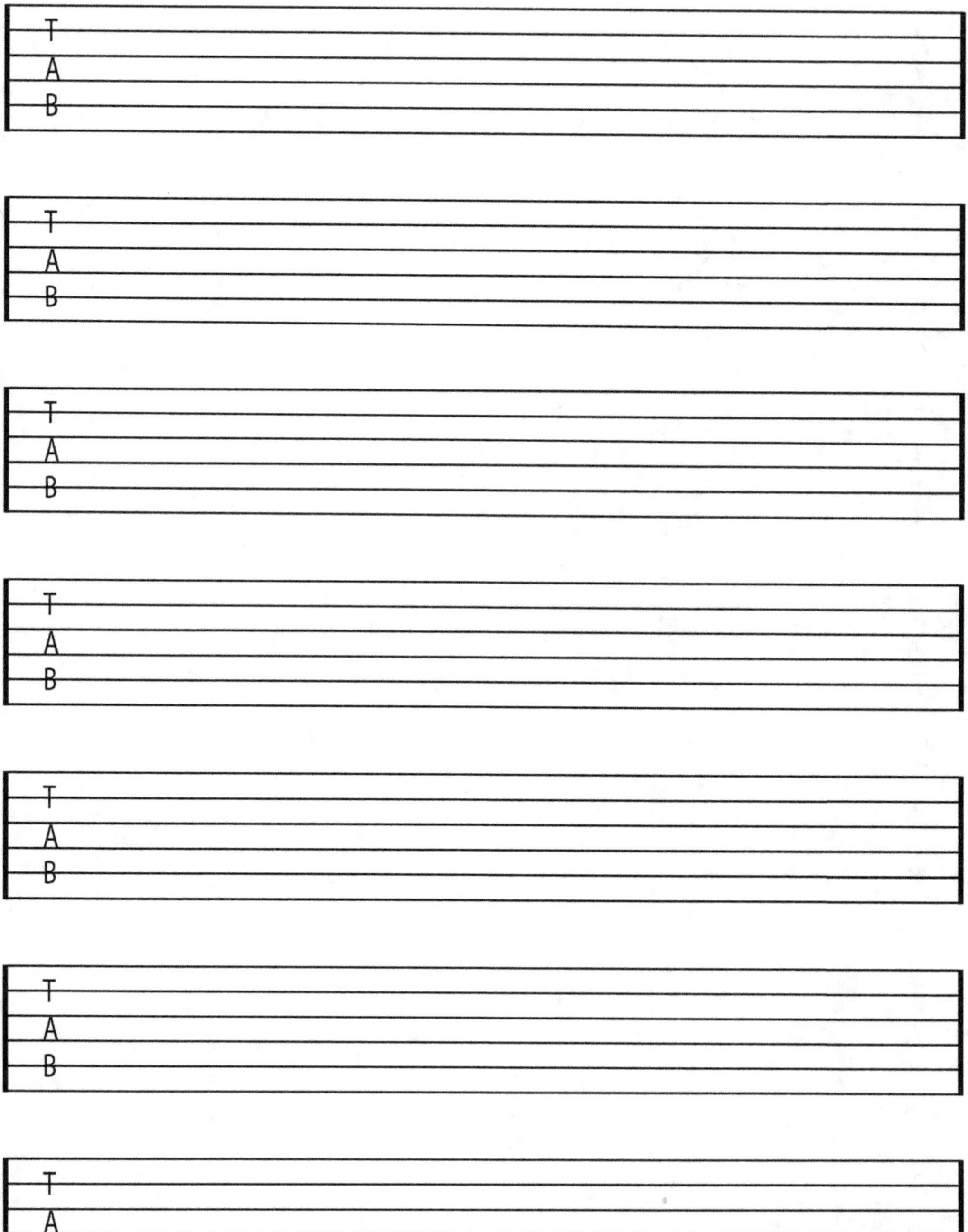

T
A
B

T
A
B

T
A
B

T
A
B

T
A
B

T
A
B

T
A
B

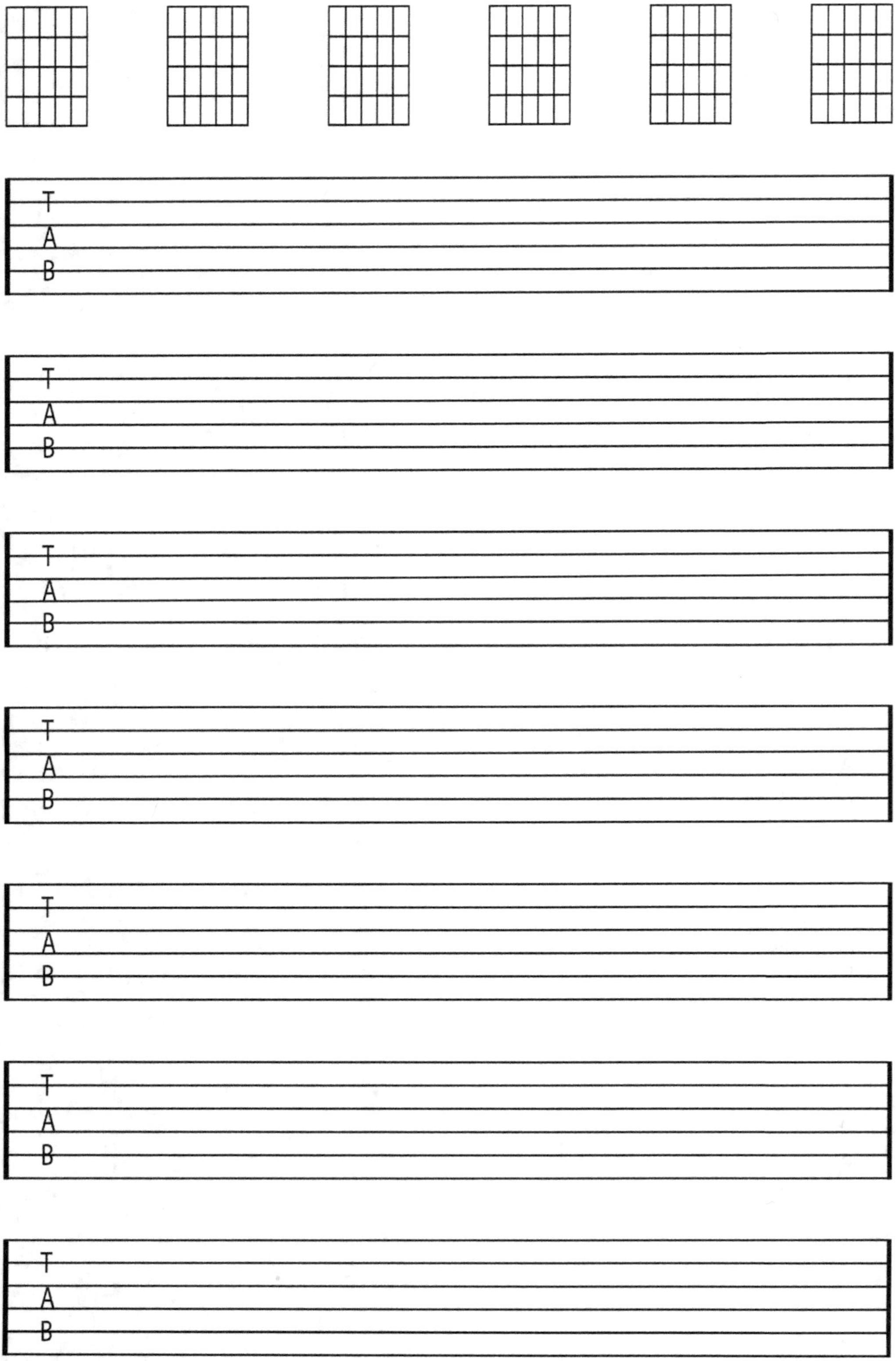

T
A
B

T
A
B

T
A
B

T
A
B

T
A
B

T
A
B

T
A
B

T
A
B

T
A
B

T
A
B

T
A
B

T
A
B

T
A
B

T
A
B

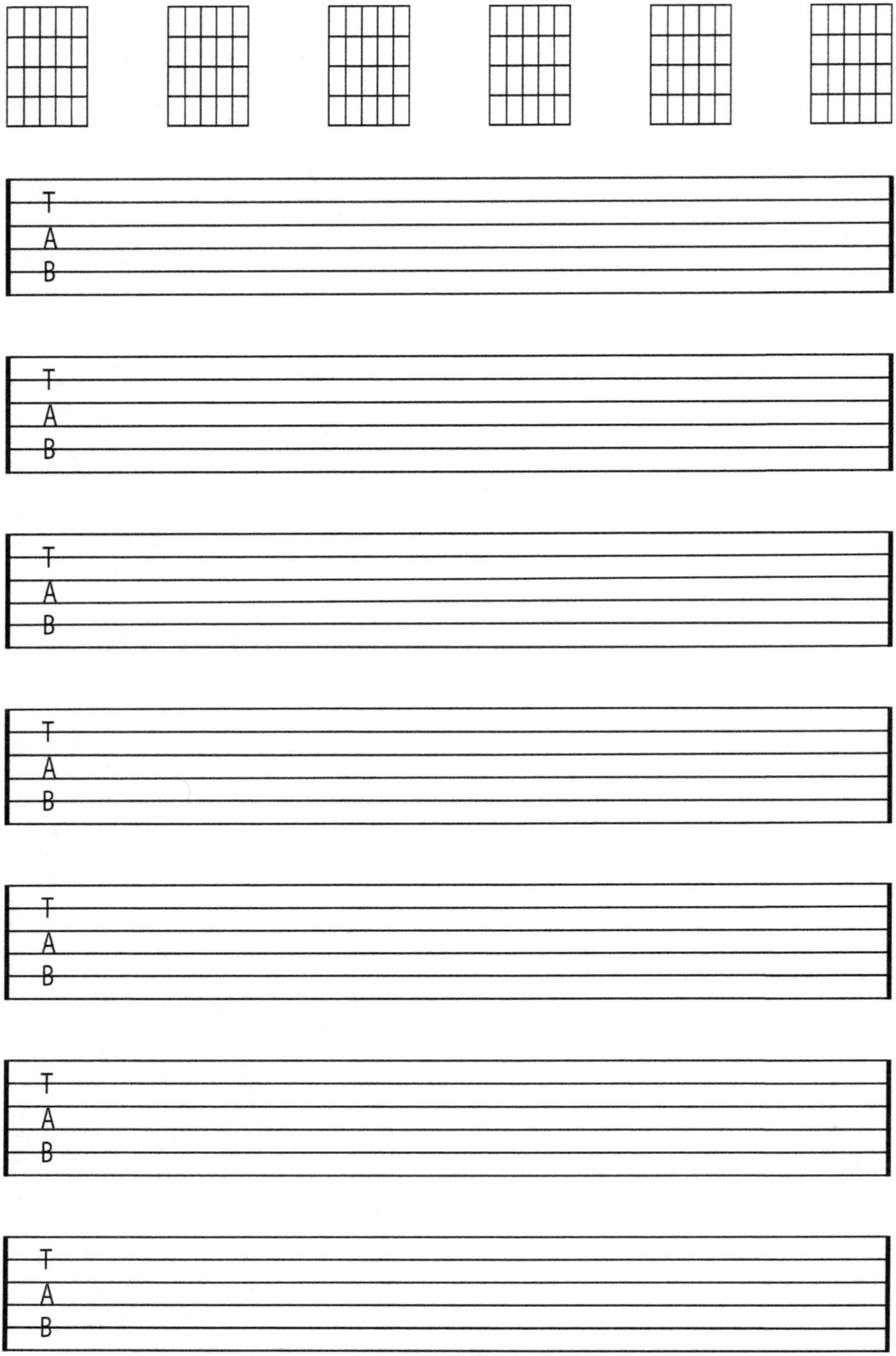

T
A
B

T
A
B

T
A
B

T
A
B

T
A
B

T
A
B

T
A
B

T
A
B

T
A
B

T
A
B

T
A
B

T
A
B

T
A
B

T
A
B

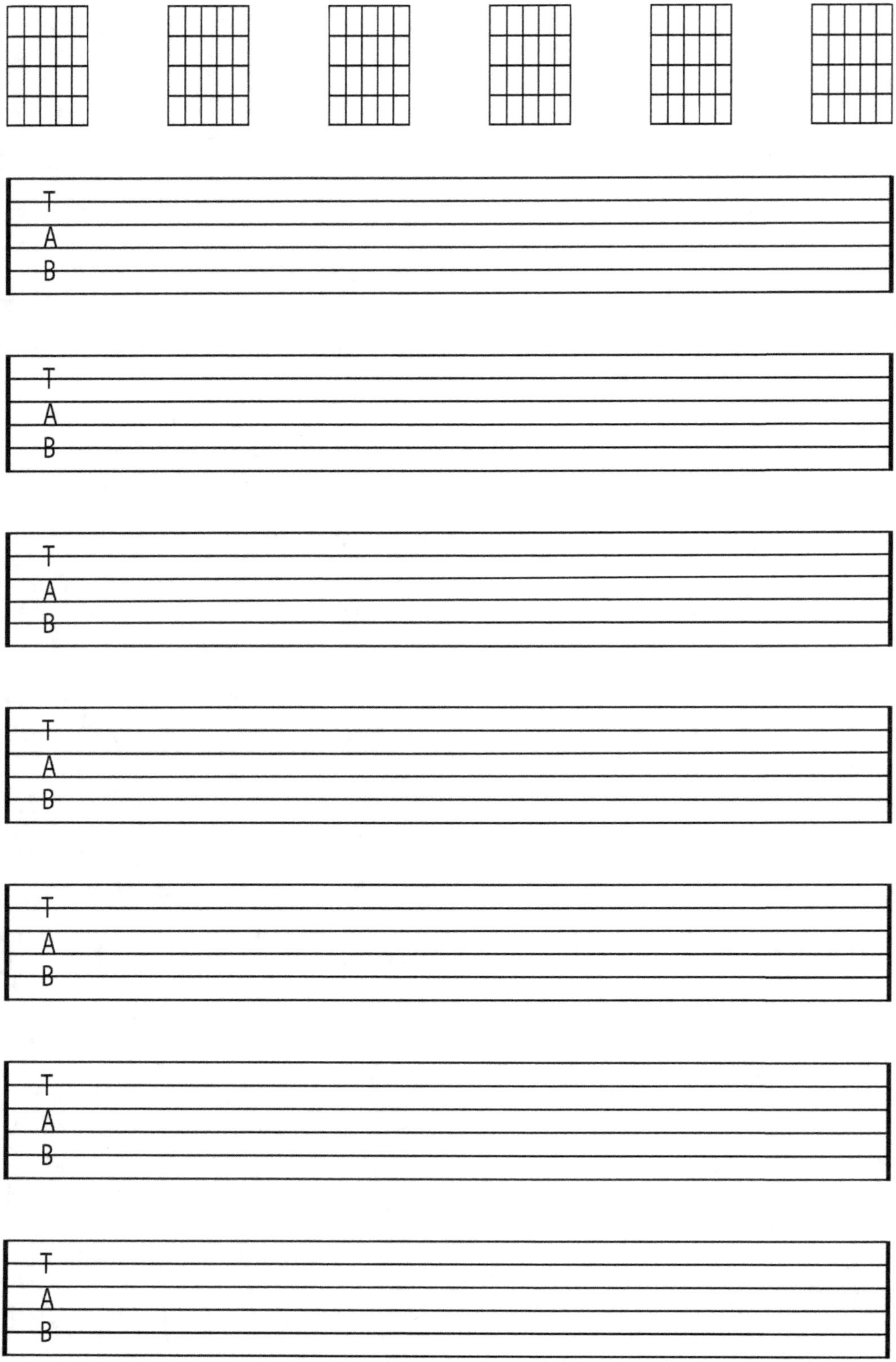

T
A
B

T
A
B

T
A
B

T
A
B

T
A
B

T
A
B

T
A
B

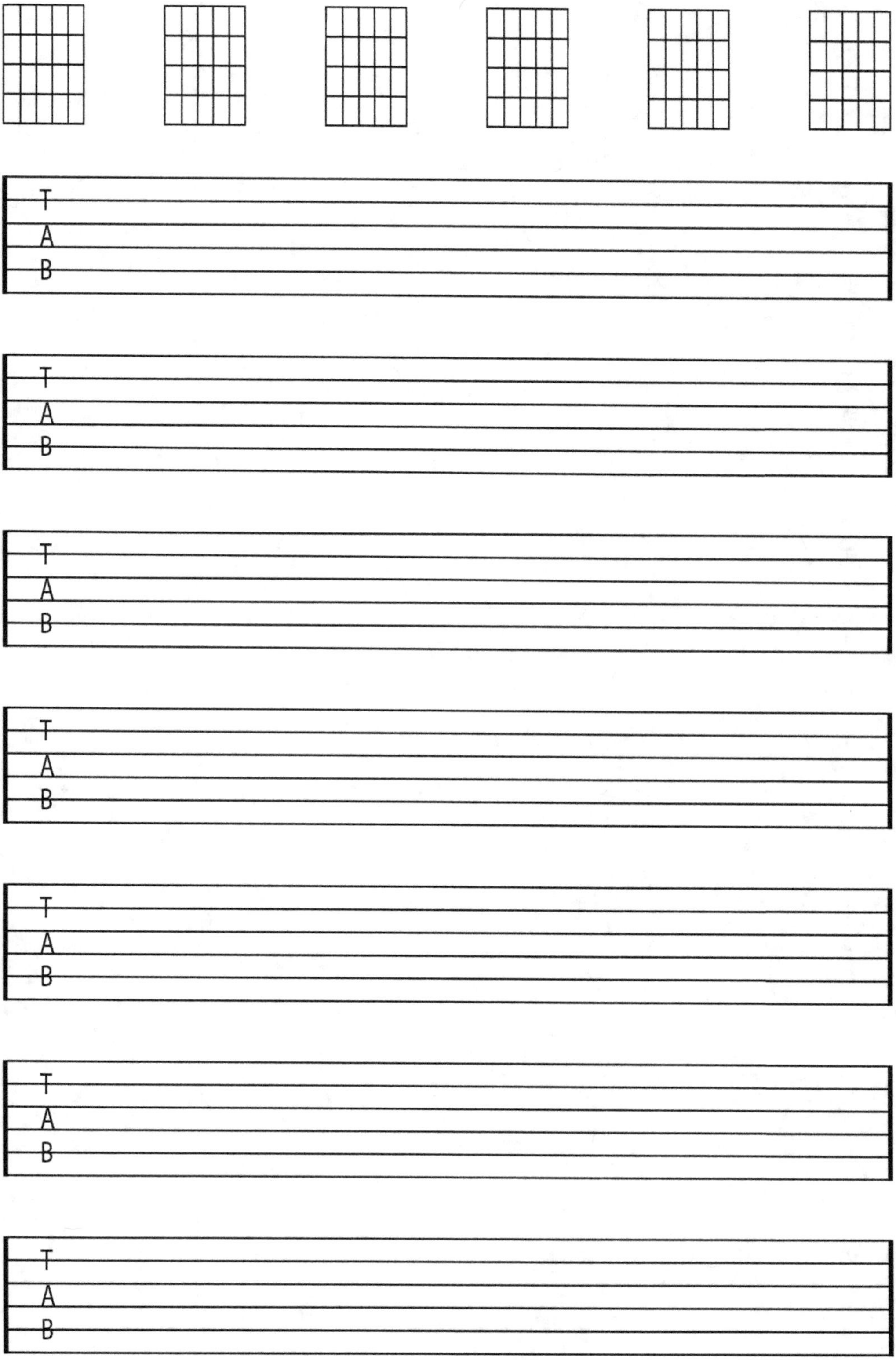

T
A
B

T
A
B

T
A
B

T
A
B

T
A
B

T
A
B

T
A
B

T
A
B

T
A
B

T
A
B

T
A
B

T
A
B

T
A
B

T
A
B

T
A
B

T
A
B

T
A
B

T
A
B

T
A
B

T
A
B

T
A
B

T
A
B

T
A
B

T
A
B

T
A
B

T
A
B

T
A
B

T
A
B

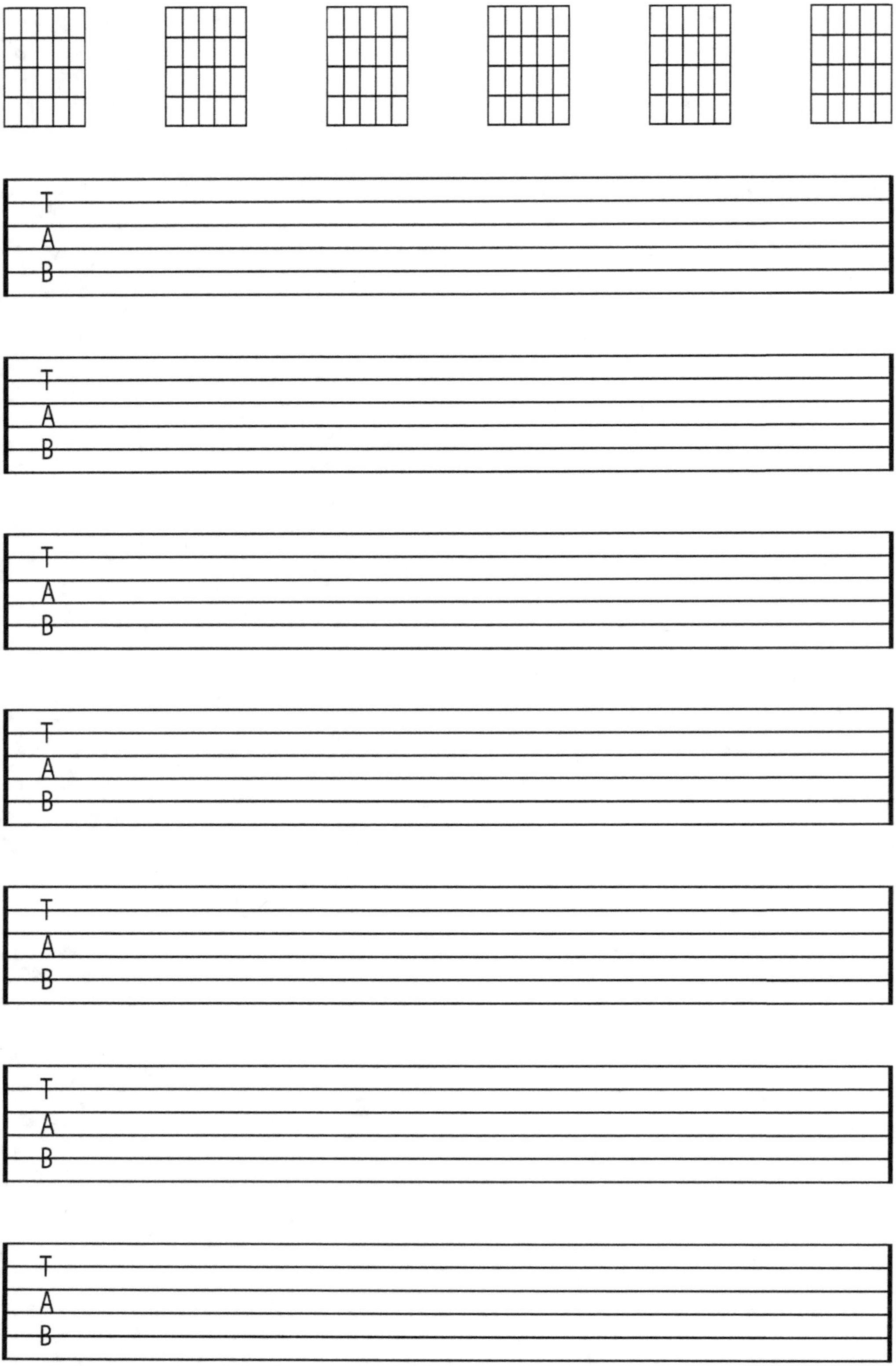

T
A
B

T
A
B

T
A
B

T
A
B

T
A
B

T
A
B

T
A
B

T
A
B

T
A
B

T
A
B

T
A
B

T
A
B

T
A
B

T
A
B

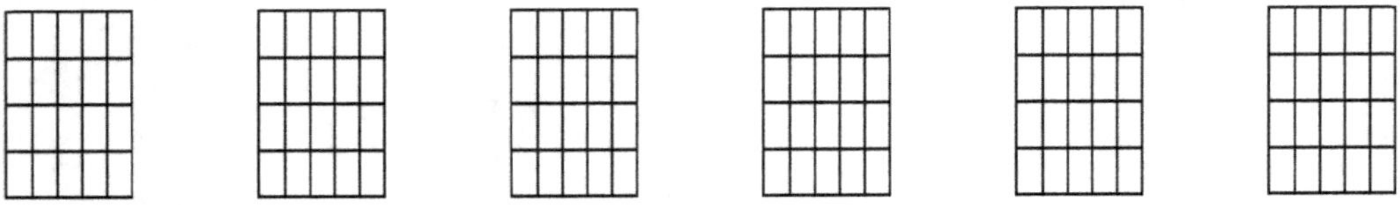

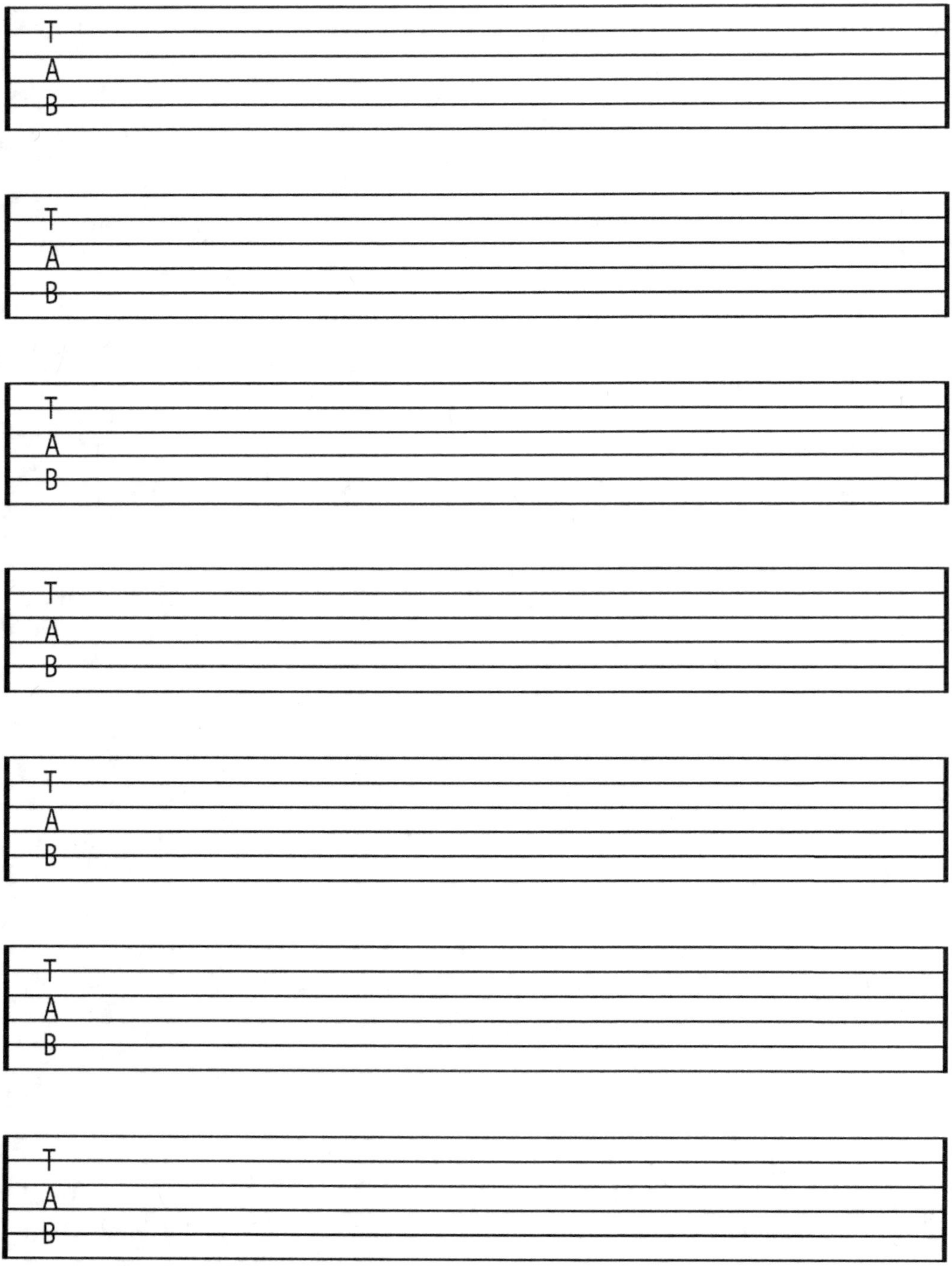

T
A
B

T
A
B

T
A
B

T
A
B

T
A
B

T
A
B

T
A
B

T
A
B

T
A
B

T
A
B

T
A
B

T
A
B

T
A
B

T
A
B

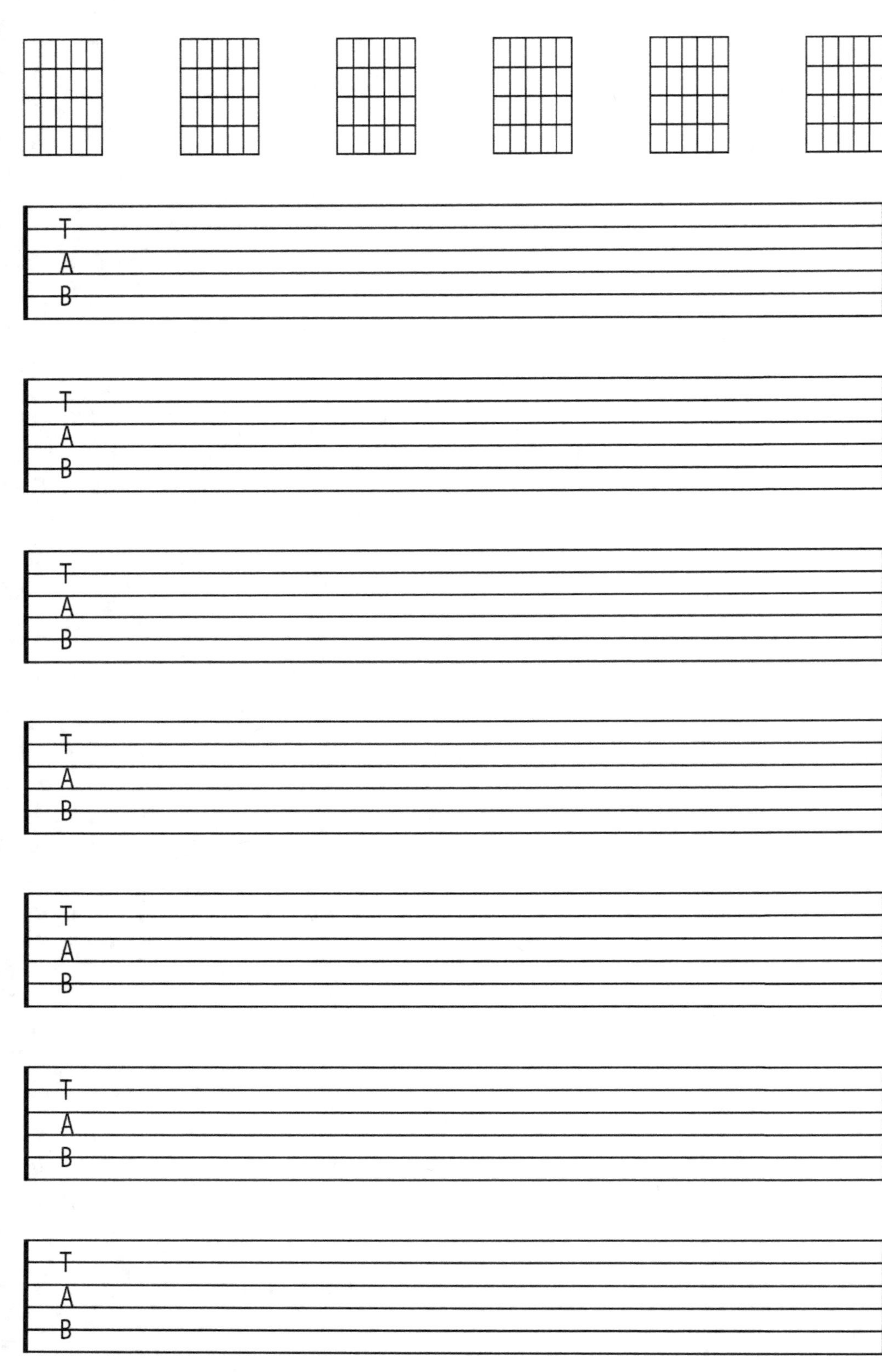

T
A
B

T
A
B

T
A
B

T
A
B

T
A
B

T
A
B

T
A
B

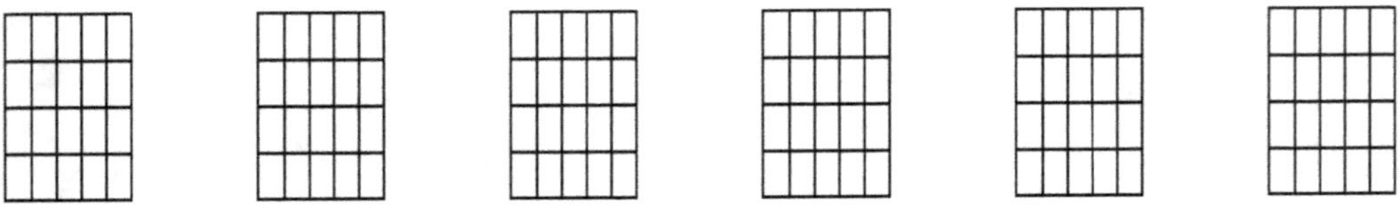

TAB

TAB

TAB

TAB

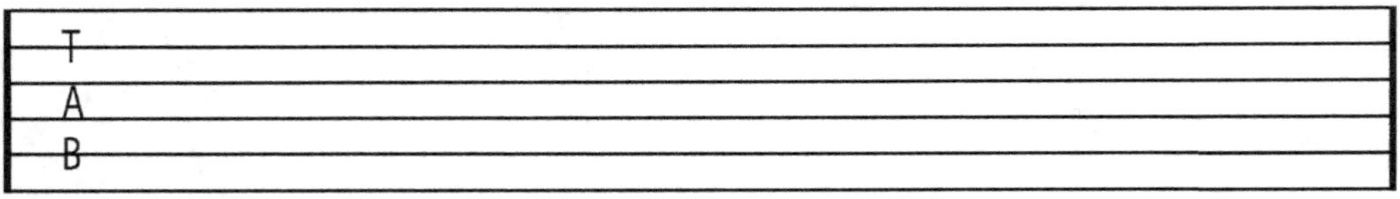

TAB

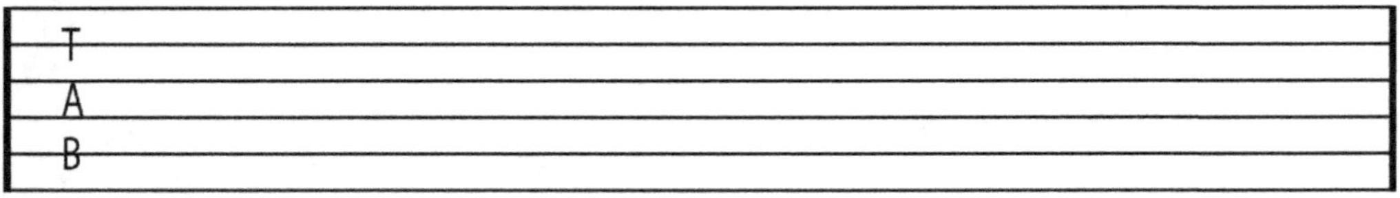

TAB

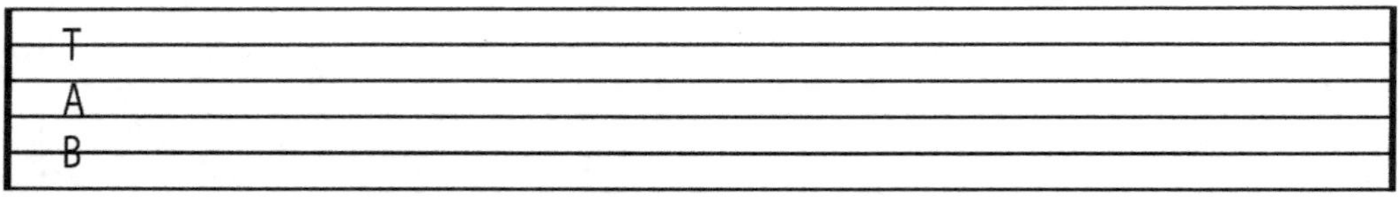

TAB

T
A
B

T
A
B

T
A
B

T
A
B

T
A
B

T
A
B

T
A
B

T
A
B

T
A
B

T
A
B

T
A
B

T
A
B

T
A
B

T
A
B

T
A
B

T
A
B

T
A
B

T
A
B

T
A
B

T
A
B

T
A
B

T
A
B

T
A
B

T
A
B

T
A
B

T
A
B

T
A
B

T
A
B

T
A
B

T
A
B

T
A
B

T
A
B

T
A
B

T
A
B

T
A
B

T
A
B

T
A
B

T
A
B

T
A
B

T
A
B

T
A
B

T
A
B

T
A
B

T
A
B

T
A
B

T
A
B

T
A
B

T
A
B

T
A
B

T
A
B

T
A
B

T
A
B

T
A
B

T
A
B

T
A
B

T
A
B

T
A
B

T
A
B

T
A
B

T
A
B

T
A
B

T
A
B

T
A
B

T
A
B

T
A
B

T
A
B

T
A
B

T
A
B

T
A
B

T
A
B

T
A
B

T
A
B

T
A
B

T
A
B

T
A
B

T
A
B

T
A
B

T
A
B

T
A
B

T
A
B

T
A
B

T
A
B

T
A
B

T
A
B

T
A
B

T
A
B

T
A
B

T
A
B

T
A
B

T
A
B

T
A
B

T
A
B

T
A
B

T
A
B

T
A
B

T
A
B

T
A
B

T
A
B

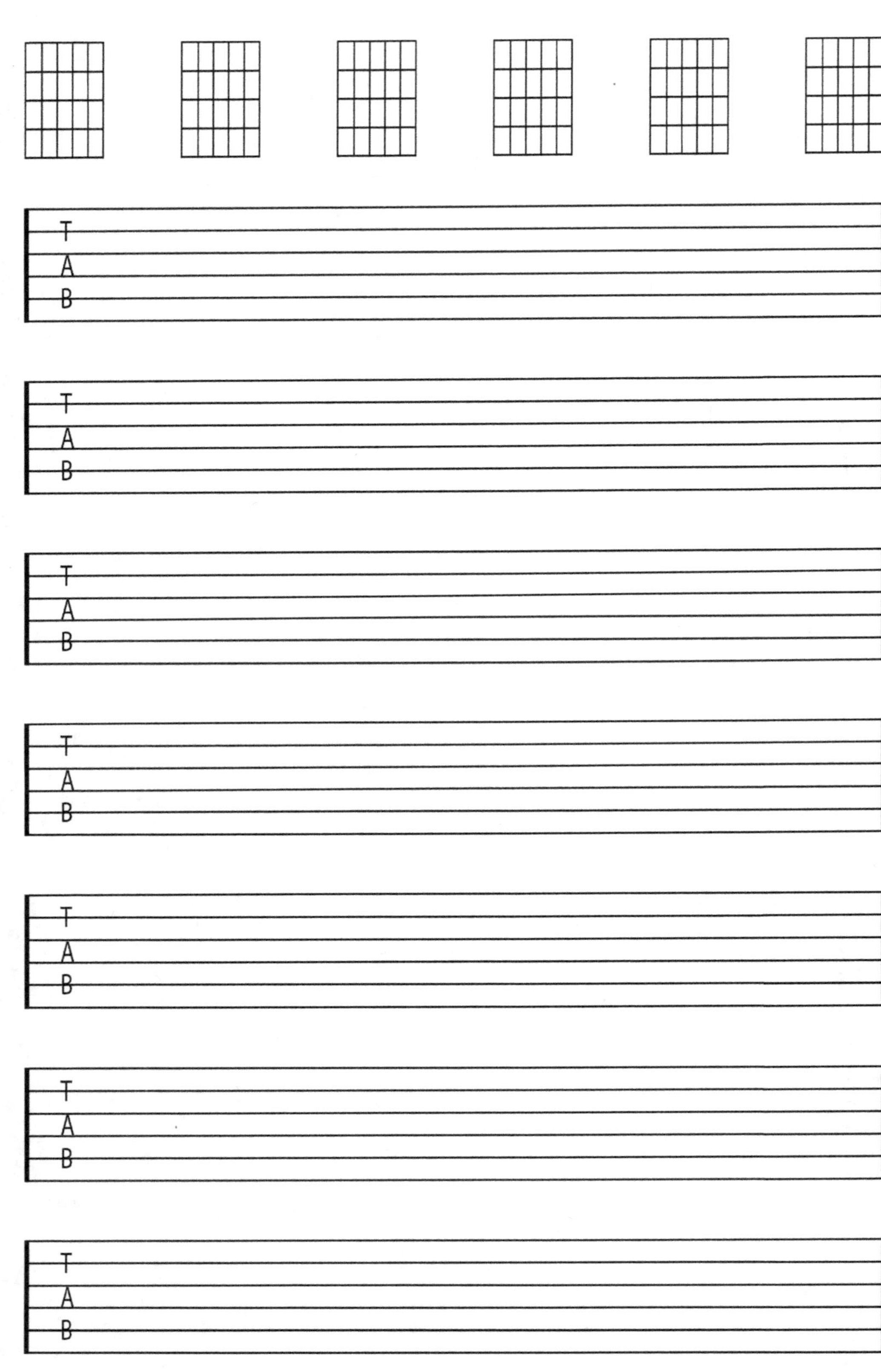

T
A
B

T
A
B

T
A
B

T
A
B

T
A
B

T
A
B

T
A
B

T
A
B

T
A
B

T
A
B

T
A
B

T
A
B

T
A
B

T
A
B

T
A
B

T
A
B

T
A
B

T
A
B

T
A
B

T
A
B

T
A
B

T
A
B

T
A
B

T
A
B

T
A
B

T
A
B

T
A
B

T
A
B

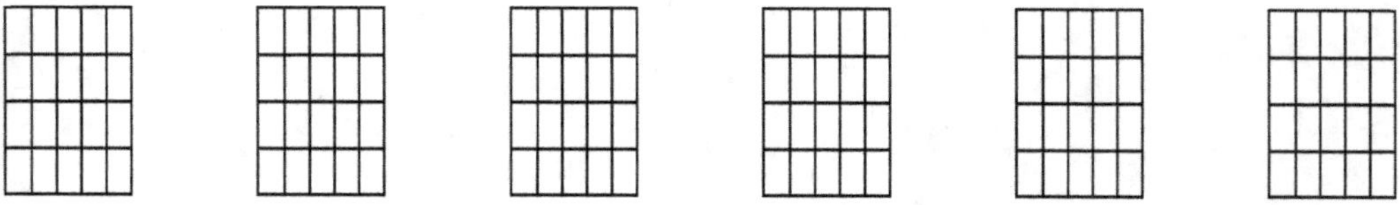

TAB

TAB

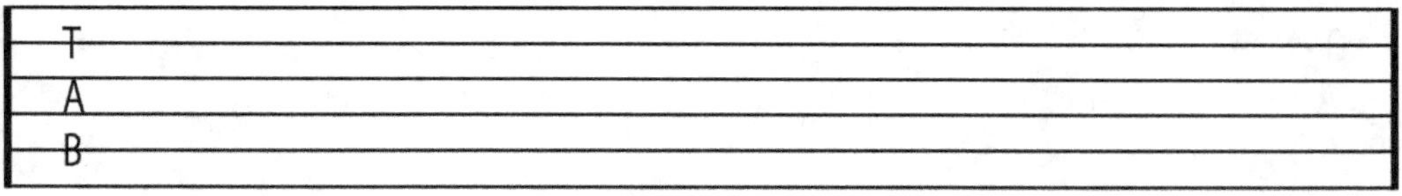

TAB

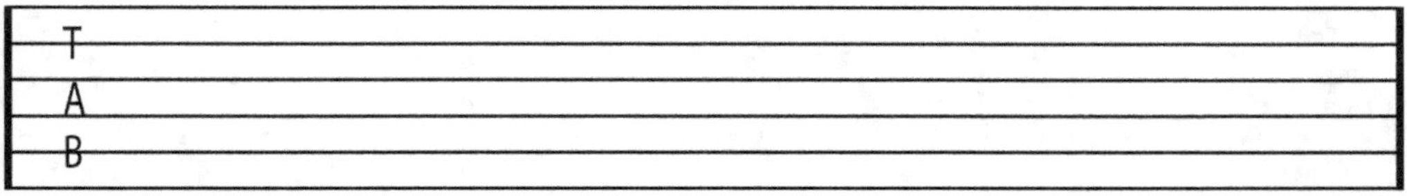

TAB

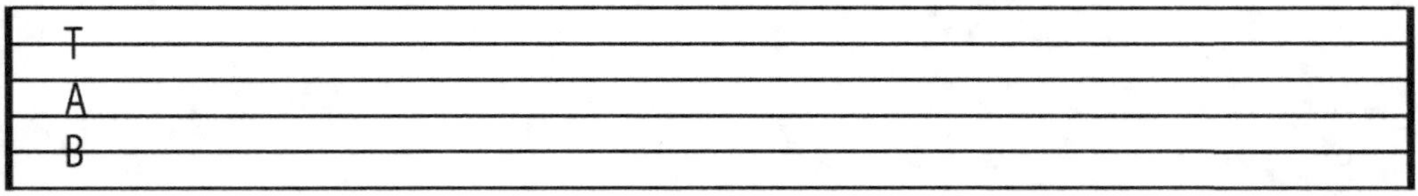

TAB

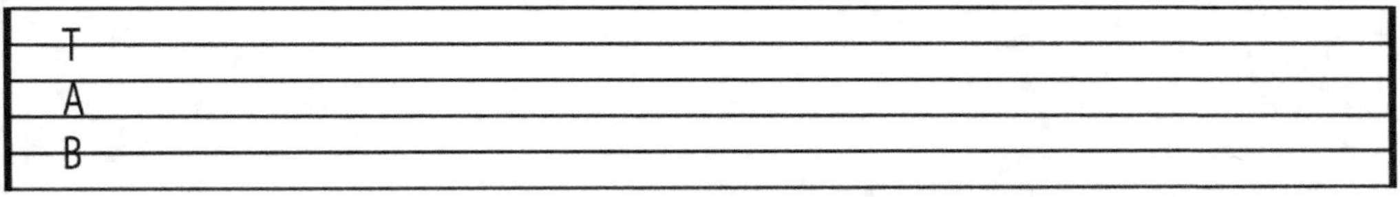

TAB

TAB

T
A
B

T
A
B

T
A
B

T
A
B

T
A
B

T
A
B

T
A
B

T
A
B

T
A
B

T
A
B

T
A
B

T
A
B

T
A
B

T
A
B

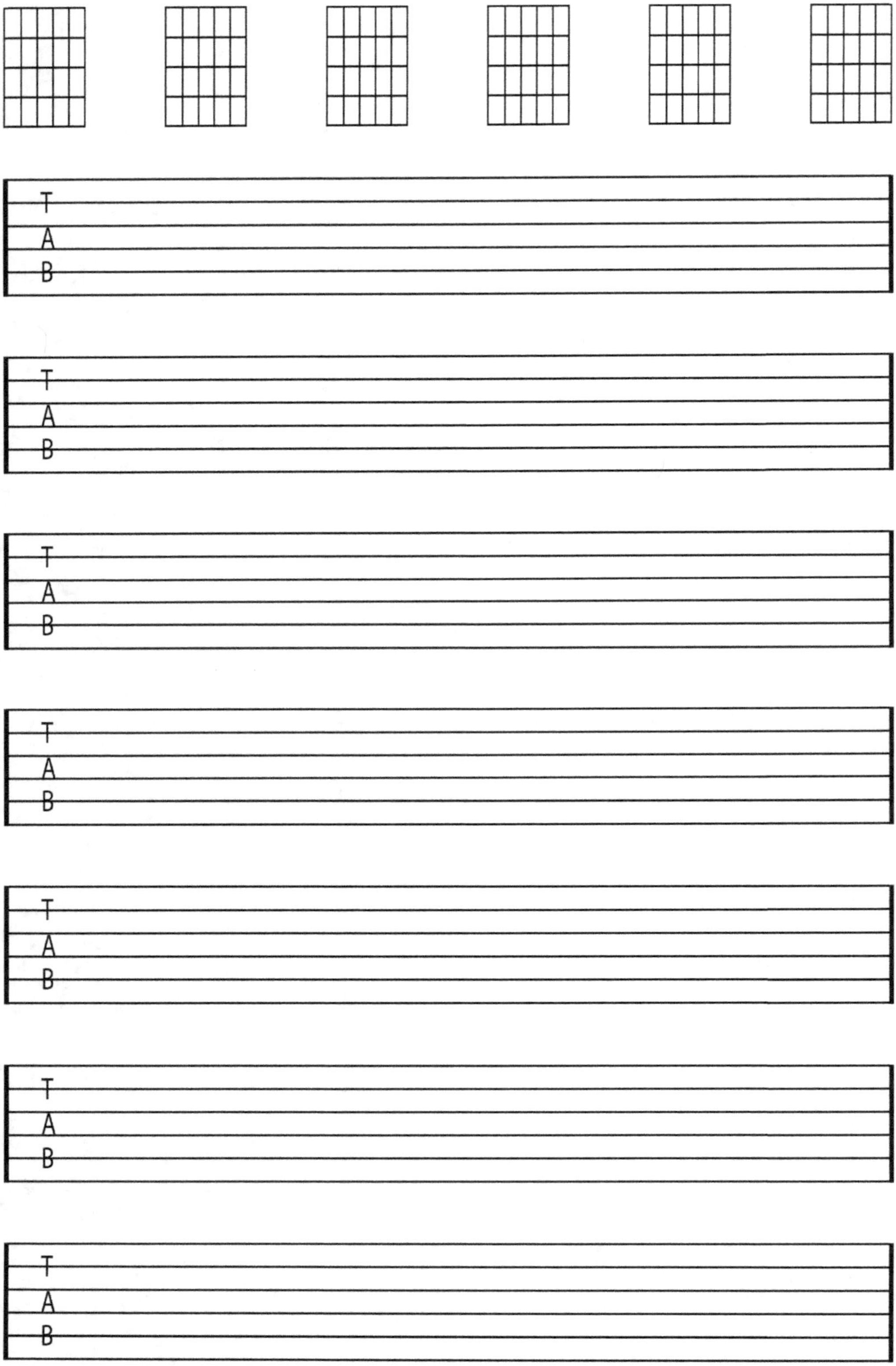

T
A
B

T
A
B

T
A
B

T
A
B

T
A
B

T
A
B

T
A
B

T
A
B

T
A
B

T
A
B

T
A
B

T
A
B

T
A
B

T
A
B

T
A
B

T
A
B

T
A
B

T
A
B

T
A
B

T
A
B

T
A
B

T
A
B

T
A
B

T
A
B

T
A
B

T
A
B

T
A
B

T
A
B

T
A
B

T
A
B

T
A
B

T
A
B

T
A
B

T
A
B

T
A
B

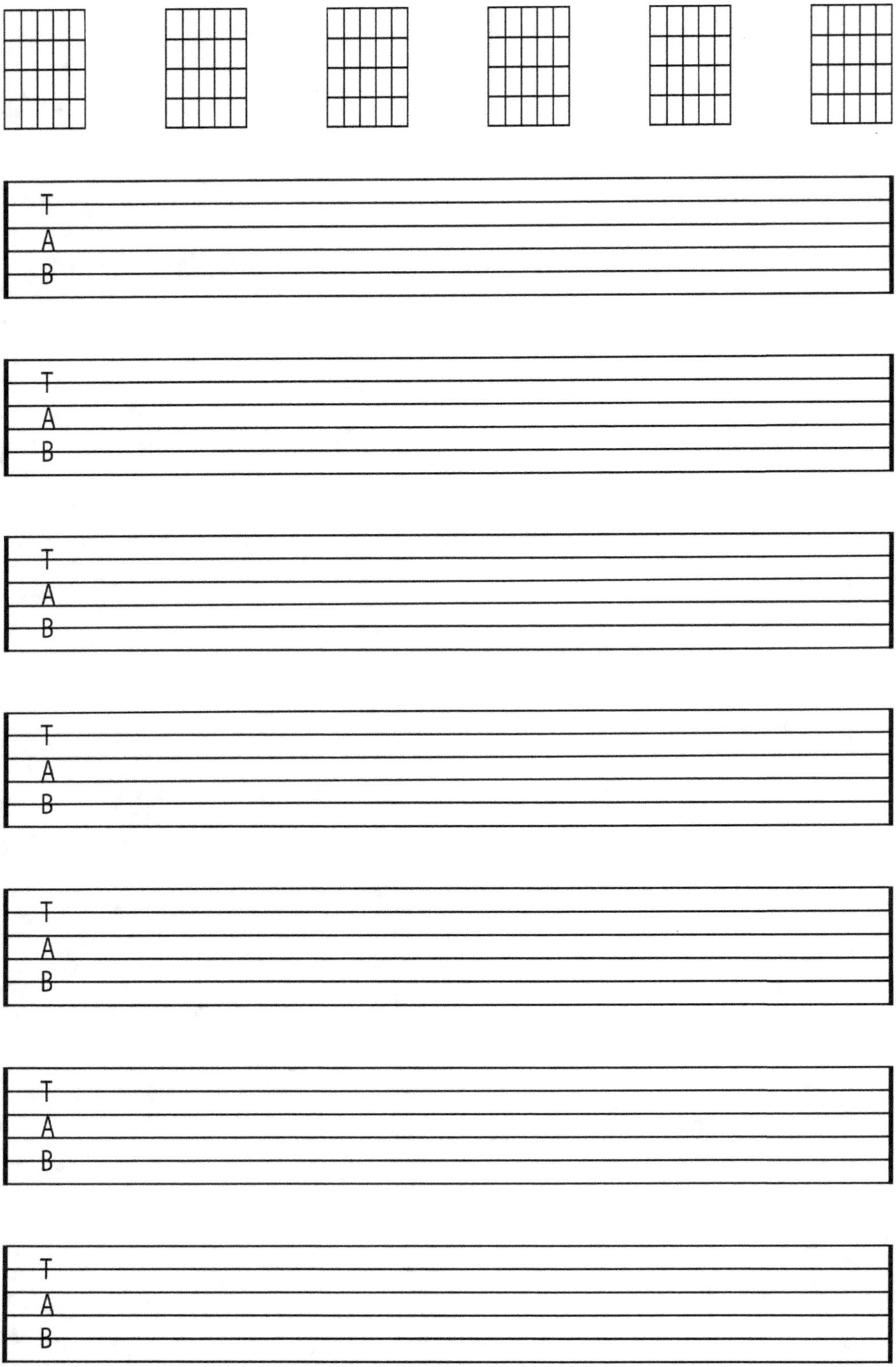

T
A
B

T
A
B

T
A
B

T
A
B

T
A
B

T
A
B

T
A
B

T
A
B

T
A
B

T
A
B

T
A
B

T
A
B

T
A
B

T
A
B

T
A
B

T
A
B

T
A
B

T
A
B

T
A
B

T
A
B

T
A
B

T
A
B

T
A
B

T
A
B

T
A
B

T
A
B

T
A
B

T
A
B